내 딸 아니마Anima에게
이야기해주다

# 땅과 바다

칼 슈미트의 세계사적 고찰

# 땅과 바다

칼 슈미트의 세계사적 고찰

**칼 슈미트**
김남시 옮김

꾸리에

**일러두기**

1. 이 책은 칼 슈미트의 『Land und Meer: Eine weltgeschichtliche Betrachtung』 (Klett-Cotta, 2011)를 완역한 것이다.

2. 원서의 주(†)와 한국어판 독자들의 이해를 돕기 위해 넣은 옮긴이 주(*)는 해당 본문 하단에 실었다. 본문 중간의 [ ]는 역자 첨언 또는 부연설명이다.

3. 외래어 표기는 일차적으로 국립국어원 표기법을 따랐지만 현재 더 널리 통용되는 표기는 예외적으로 그대로 사용했다.

4. 옮긴이 주는 위키피디아와 옥스포드 사전 등에서 부분적으로 인용했으며, 따로 표시가 되어 있지 않은 그림이나 사진, 글 등은 작가나 출처 미상이다.

# OI

인간은 땅의 존재, 땅을 밟고 있는 존재Landtreter다. 인간은 견고하게 정초된 대지 위에 서서 걸어가고 움직이지. 그 대지가 그가 서 있는 곳Standpunkt이자 그의 토대Boden다. 그를 통해 인간은 자신의 시점을 얻으며, 이것이 그가 받는 인상들, 세계를 바라보는 방식을 규정하지. 가시범위Gesichtskreis뿐만 아니라, 인간이 걷고 움직이는 형태, 그 형상Gestalt도 대지에서 태어나 대지 위에서 움직이는 생명체로서 얻어진 거야. 그렇기에 지구 표면의 4분의 3이 물로 덮여있고, 땅은 4분의 1뿐이라 사실상 가장 큰 대지도 섬처럼 물 위에 떠 있다는 사실을 알고 있음에도, 인간은 자신이 살고 있는 별을 "대지-지구(地球)Erde"*라고 부르고 있지. 대지Erde가 구(球) 형태를 하고 있음을 알게 된 후 우리는 더 큰 확신을 가지고 이 별을 "대지 공Erdball" 또는 "대지 구슬Erdkugel"이라 부른단다. 이런 방식으로 "대양 공Seeball"이나 "바다 구슬Meereskugel" 같은 것을 떠올리는 건 어딘가 어색하지?

*독일어 "Erde"는 '흙', '대지'라는 뜻과 동시에 '지구'라는 의미를 가지고 있다. 이어 나오는 "Erdball", "Erdkugel"은 지구의 구와 같은 특성을 강조하는 단어다.

우리의 모든 존재, 행복과 불행, 기쁨과 고통은―누군가에게는 지상의irdisches 낙원이고, 누군가에게는 지상의 눈물골짜기Jammertal이기도 하겠지만―어쨌든 모두 "지상의irdische" 삶이지. 여러 민족들의 가장 오래된 기억과 깊은 시련을 표현하고 있는 신화와 전설들에서 대지Erde가 인간의 위대한 어머니로 등장하는 것도 그 때문이야. 대지는 신들 중에서도 가장 오래된 신으로 지칭되지. 성경은 인간은 대지로부터 왔고 다시 대지로 돌아가야 한다고 말해. 대지가 인간의 모성적 토대mütterlicher Grund라면 인간은 대지의 아들이고, 사람들은 대지의 형제이자 대지의 시민들Erdebürger인 셈이야. 대지(흙)Erde, 물, 불, 공기라는 전승된 4원소론에서 대지(흙)가 인간에 상응하고 인간을 가장 크게 규정하는 원소인 것도 이 때문이야. 이러한 사정이다 보니 인간이 대지를 통해 각인되어 있는 정도만큼이나 다른 원소들에 의해서도 각인되어 있다는 생각은, 얼핏 생각하면 터무니없어 보이지. 물고기도, 새도 아니고, 그런 게 존재하기나 한다면 불로 된 존재Feuerwesen도 아닌 인간에게 무슨 소리냐고.

그런데 한번 생각해보렴. 인간이라는 존재는 그 핵심에 있어 순전히 대지적erdhaft이고 대지와만 관계하며, 다른 원소들은 그저 대지에 덧붙여진, 부차적 지위만 갖는 것일까? 그렇게 단순하지는 않단다. 인간이라는 존재를 순수하게 대지적으로 규정하지 않는 것도 가능하지 않을까라는 질문이 생각보다 많이 제기되고 있으니 말이야. 해변에 가서 주위를 둘러보기만 해도 압도적인 넓이의 바다가 너의 시선의 지평을 둘러싸고 있는 걸 보게 될 거야. 해변가에 서 있는 인간이, 당연한 말이지만, 땅에서부터 바다를 바라보지, 바다에서 땅을 바라보지 않는다는 사실은 생각해보면 놀라운 일이지 않니? 깊숙한 곳에 자리 잡은, 무의식적인 인간의 기억 속에서 물과 바다는 모든 생명체의 비밀스러운 원천 Urgrund인데 말이야. 대부분 민족들의 신화와 전설에는 대지에서 태어난 신과 인간뿐 아니라, 바다에서 탄생한 신과 인간도 등장하지. 또 바다Meeres와 대양See의 아들, 딸들에 대한 많은 이야기들도 있단다. 여성적 아름다움의 신 아프로디테Aphrodite는 파도의 거품 속에서 태어났지. 그런데 바다는 이 외의 다른 자식들도 낳았단다. 나중에 우리는 "대양의 자식들"을 비롯해서, 거품에서 탄생한 미녀라는 멋진 이미지와는 전혀 어울리지 않는 야만적인 "대양 주름잡이들Seeschäumer"들에 대해서도 알게 될 거야. 거기에서 우리는 불현듯 대지나 견고한 땅과는 다른 세계를 마주하게 된단다. 왜 시인과 자연철학자, 자연과학자들이 모든 생명체의 시초를 물속에서 찾는지, 왜 괴테Johann Wolfgang von Goethe가 엄숙한 시구로 다음과 같이 노래*했는지 이해하게 될 거야.

모든 것이 물에서 태어났다네,

모든 것이 물을 통해 유지된다네.

대양이 우리에게 당신의 영원한 주재력Walten을

허락한다네!

사람들은 존재의 원천을 물에서 찾은 이론의 창시자
가 그리스의 자연철학자 밀레의 탈레스Thalès(기원전 500
년경)라고 말하지. 하지만 이런 생각은 탈레스보다 더 오래
되고 동시에 더 새로운 견해란다. 말하자면, 영원하다는 거
지. 지난 19세기에는 위대한 스타일을 지닌 독일의 학자 로
렌츠 오켄**이 인간을 비롯한 모든 생명체가 바다에서 기원
했다고 주장했어. 다윈주의적 자연학자가 만든 진화계보도
Stammbäumen에도 어류와 육지동물들이 다양한 계열로 상호적
으로도, 수직적으로도 관계 맺고 있어. 바다 생명 체Lebewesen

*『파우스트 2부』에 나오는 구절. 괴테는 한 번도 바다 가까이에서 살아본
적이 없었으며 지중해가 유일하게 본 바다였다. 그는 1787년 이탈리아 여
행 도중 나폴리에서 시칠리아에 있는 팔레르모까지 단 한 번 바다를 건
넜을 뿐이었다. 이때 받은 바다에 대한 강렬한 인상으로 그는 『이탈리아
기행』에 "자신을 둘러싸고 있는 바다를 경험해보기 전까지는 누구도 세
계와 그것이 세계와 갖는 관계를 전혀 모른다"고 썼다. 40년 뒤에 완성된
『파우스트 2부』의 탈레스라는 극적인 인물의 기초가 이때 놓여진 것이다.
**Lorenz Oken: 1779~1851. 독일의 자연철학자·생물학자. 그에 따르면,
생명은 최초의 바닷속에서 원시적인 형질의 형태로 생겼다. 이 형질은 요
소적인 작은 부분으로 되어 있다. 이들 요소인 작은 부분이 결합하여
복잡화함으로써 더욱 복잡한 여러 형태가 형성되기에 이르렀다고 한다.

des Meeres가 인간의 조상으로 간주되고 있는 거야. 인류의 근원사나 초기 역사도 인류가 대양에서 기원했음을 확증해 주지 않니? 저명한 연구자들의 발견에 따르면, "토착적인 autochthonen", 즉 땅에서 태어난 민족들 말고도 "해착(海錯) 적인autothalassische", 다시 말해 순전히 바다에 의해 규정 받는 민족들도 존재했는데, 이들은 한 번도 땅을 밟아본 적도 없고, 견고한 땅을 그들의 순수한 바다적 실존Meeresexistenz이 도달할 수 있는 한계로만 여긴단다. 남태평양 섬들과 폴리네시아의 해양민족들, 카낙Kanak*과 사우Sawu 섬**의 토착민들이 마지막으로 남은 그런 어류인간Fischmenschen의 종족이라고들 말하지. 그들이 사는 방식, 그들이 떠올리는 세계, 그들의 언어는 전부 바다와 관계되어 있어. 견고한 땅에서 얻어진 공간과 시간에 대한 우리의 표상들이 그들에게 낯설고 이해할 수 없는 것처럼, 우리 땅의 인간들Landmenschen에게 저 순수한 대양인간Seemenschen의 세계는 도무지 파악할 수 없는 다른 세계에 다름아니지.

그렇다면 이런 질문이 생겨나겠지? 우리를 구성하는

---

*원래는 프랑스로부터 독립하려 했던 뉴칼레도니아Nouvelle-Calédonie의 토착민을 말하지만, 19세기 선원들 사이에서는 항해능력이 뛰어난 사람을 칭찬하는 말이기도 했다. 그러나 현재 독일어권 국가에서는 터키나 중동 출신 등 다른 민족을 경멸하는 단어로 쓰이고 있다.
**플로레스, 티모르 사이에 있는 인도네시아 바다의 섬.

원소는 무엇일까? 우리는 땅의 자식들일까, 아니면 대양의 자식들일까? 이 질문은 이것 아니면 저것이라고 간단히 대답될 수는 없단다. 오래된 신화들, 근대의 자연과학적 가설들, 선사시대에 대한 연구결과들 모두가 그 두 가능성을 다 열어놓고 있기 때문이야.

## 02

먼저 '원소Element'라는 단어에 대해 간략하게라도 설명해 주어야겠구나. 앞에서 말했던 철학자 탈레스의 시대부터 소크라테스 이전의 이오니아 자연철학 시대, 그러니까 기원전 약 500년 전부터 유럽 민족들은 4원소에 대해 이야기해왔단다. 이 4원소—땅-대지Erde, 물, 공기, 불—는 과학이 제기하는 비판에도 불구하고 오늘날까지 소멸되지 않고 생생하게 살아있는 표상으로 전해지고 있어. 근대 자연과학은 이 네 근원원소론을 해체시켜버렸지. 오늘날 근대 자연과학은 전혀 다른 방식으로 구조화된 90개가 넘는 "원소들"을 구분하는데, 오늘날의 화학적 방법으로는 그를 더 이상 나누어지거나 용해되지 않는 근본질료Grundstoff라고 부르지. 근대 자연과학이 실험과 이론 분야에서 다루는 '원소'라는 말은 이 네가지 근원원소들과는 그 단어만 같을 뿐이야. 오늘날의 물리학자나 화학자라면 그 누구도, 밀레의 탈레스가 물에 대해, 에페수스Ephesus의 헤라클레이토스Hērakleitos가 불에 대해, 밀레의 아낙시메네스Anaximenes가 공기에 대해, 아그리젠트Agrigent의 엠페도클레스Empedoklēs가 네 가지 근원뿌리의 연결에 관해 주장했듯이, 이 4원소 중 하나가 세계를 구성하는 유일한 "근본재료Grundstoff"라고 주장하지 않을 거야. 여기서 말하는 근원재료Urstoff, 근본재료Grundstoff, 유래Stamm, 뿌리Wurzel가 무엇을 의미하는가라는 질문은 우리를 예측할 수 없는 자연과학적-물리학적 문제들과 그만큼이나 예측하기 힘든 인식론적, 형이상학적 문제들로 이끌고 갈 거야. 그러니 일단 우리는 4원소에 대한 역사적 고찰로 만족하도록 하자꾸나. 우리에게 이 원소들은 간략하고도 직관적인 이름들을 의미하는 것이라고 해두자. 인간의 실존이라는 다양하고 많은 가능성들을 지시하는 총칭Gesamtkennzeichnungen 등인 셈이지. 그러니까 우리가 이 이름들을 사용할 때, 특히 땅의 힘Landmächte과 대양의 힘Seemächte에 대해 말할 때는 여기서 말한 원소라는 의미라고 생각하면 돼.

그렇다고 앞으로 이야기하게 될 땅과 바다라는 "원소들"을 순전히 자연과학적인 물질Größe로 여겨서는 안 돼. 그렇게 되면 그것들은 화학적 재료들로 용해되어 버려서 역사적으로는 아무 의미도 없는 무(無)가 되어버릴 테니까 말이야. 땅과 바다에서 출발하는 규정들, 특히 땅 혹은 바다와 연관된 역사적 실존의 형태들은 강제적으로 기계적인 방식에 따라 이루어지는 것도 아니란다. 인간이 전적으로 그가 사는 환경에 의해 남김없이 규정되는 생명체라면, 인간은 육지동물Landtier이거나 물고기, 새, 아니면 이 원소적 규정들의 상상적 혼합물에 불과하겠지. 그렇게 되면 4원소들의 순수한 유형들, 특히 순수한 대지인간과 순수한 바다인간들은 서로 연관 없이 아무 관계도 맺지 않은 채 대립적인 것으로 이해되고, 그들이 순수할수록 이 무관계성은 더 강해지게 될 거야. 그들의 혼합은 좋은 유형이나 나쁜 유형을 만들어 낼 거고, 마치 화학적 친화성Affinität이나 대립Kontraste과도 같은 동지관계Freundschaften 아니면 적대관계Feindschaften를 산출하게 되겠지. 인간이라는 존재와 그의 운명은 동물이나 식물처럼 전적으로 자연적으로만 규정되게 될 거야. 그렇게 되면 우리는 인간이란 [식물처럼] 서로 공생Symbiose하면서 살아가거나, 동물처럼 하나가 다른 하나를 잡아먹는다는 말밖에는 할 수 없게 돼. 인간의 행위와 결단으로서의 인간의 역사는 존재하지 않게 되는 거야.

인간은 전적으로 환경으로 환원되지 않는 존재란다. 인간은 존재와 의식을 역사적으로 점령할 수 있는 힘을 가지고 있기 때문이지. 인간은 탄생과 더불어 재탄생의 가능성도 알고 있는 존재야. 동물이나 식물이라면 무력하게 몰락하게 될 곤궁과 위험을 받아들여도 인간은 그의 정신, 틀림없는 관찰과 추론, 그리고 결단을 통해 자신을 새로운 존재로 구해낼 수 있어. 인간에게는 권력과 역사적 힘Geschichtsmächtigkeit의 작동공간Spielraum이 존재하기 때문이야. 인간은 선택할 수 있고, 어떤 역사적 순간에는 심지어 원소를 선택할 수도 있는데, 스스로의 행위와 능력을 통해 자신의 새로운 역사적 실존의 전체형태Gesamtform로서 그 원소Element를 향해 결단하고 자신을 그 원소로 조직하기도anorganisiert 하지. 이러한 의미에서 올바르게 이해된 인간에게는 시인이 말하듯, "그가 가려고 하는 곳으로 떠날 자유"가 있는 거야.

# 03

세계사는 땅의 힘에 대한 대양의 힘의 투쟁, 대양의 힘에 대한 땅의 힘의 투쟁의 역사란다. 프랑스의 군사학 전문가인 카스테스 제독Raoul Castex은 자신의 전술론에『땅에 대항하는 바다la Mer contre la Terre』라는 제목을 부쳤고, 이 책을 통해 후세에 크게 이름을 떨쳤지.

사람들은 오래전부터 땅과 바다의 원소적 대립을 알아차리고 있었는데, 19세기 말까지도 당시 러시아와 영국 간의 긴장을 "곰과 고래의 투쟁"이라고 지칭하곤 했어. 여기에 등장하는 고래는 거대하고 신비스러운 물고기이자, 나중에 자세히 이야기하게 될 리바이어던이고, 곰은 땅의 동물을 대표하는 상징적 대변자 중 하나지. 중세 시절 카발리스트들*의 해석에 따르면, 세계사는 리바이어던이라 불리는 힘센 고래와 그만큼이나 강한 땅의 동물로 코끼리 아니면 황소로 상상되던 베헤모스** 사이의 투쟁이라는구나. 리

---

*Kabbalist: 히브리 신비철학자. 히브리어로 카발라(Kabbalah, 받음)는 유대교의 신비의 가르침, 혹은 이 가르침을 닮은 비밀 교리를 말한다. 카발리스트들은 성서와 율법을 깊이 연구했다.
**behemōth: 구약성서에 등장하는 거대한 수륙양서 괴수의 이름이다. 베

「베헤모스와 리바이어던」, 『욥기』 중에서, 윌리엄 블레이크, 1825년, 동판화.

바이어던과 베헤모스는 『욥기』(40장과 41장)에 나오는 이름이야. 카발리스트들이 말하기를, 뿔이나 이빨로 리바이어던을 찢어 죽이려는 베헤모스에 맞서 리바이어던은 거대한 꼬리로 베헤모스의 입과 코를 막아서 먹거나 숨 쉬지 못하게 했다는구나. 육지로의 보급로를 차단해 굶게 만드는, 육지의 힘을 봉쇄하는 바다의 힘을 신비주의적 이미지답게 아주 생생하게 묘사하고 있지. 서로 투쟁하는 두 힘들이 결국 서로를 죽이고 있는 거야. 그런데 카발리스트에 따르면, 유대인들은 하인리히 하이네가 유명한 시에서 전하듯이 천년왕국의 "리바이어던의 향연Gastamahl des Leviathan"*을 엄숙하게 기리고 있단다. 리바이어던의 향연에 대한 역사 해석에 자주 인용되는 이 카발리스트의 이름은 아이작 아브라바넬Isaak Abravanel이야. 1437년에서 1508년까지 위대한 지리학적 발견의 시대를 살았던 인물로 처음에는 포르투갈 왕, 다음에는 카스티야** 왕의 재정 담당을 맡다가 1508년

---

헤모스는 '짐승'을 뜻하는 히브리어 behamah의 복수형이며, 이는 한 마리임에도 불구하고 복수의 동물을 한데 모은 것과 같이 너무나도 거대한 크기였기 때문에 이와 같이 표현했을 것으로 추정된다. 아무도 잡을 수가 없으며 쓰러뜨릴 수도 없는 동물로, 그 모습에 대해서는 하마, 물소, 코뿔소 등 여러 가지 설이 있다.

*하이네의 시 'Disputation'에 나온다. 옮긴이의 말에 시가 인용되어 있다.

**Castilla: 스페인 중부와 북부, 메세타 고원을 차지하는 지역. '성(城)'이라는 뜻으로, 부르고스 백작에 의해 10세기 중엽에 왕국이 시작되어 점차 기독교 왕국으로 성장하였다. 1479년 카스티야의 여왕 이사벨라의 남편 페

베네치아에서 죽었어. 그러니까 세상과 그 세상의 부에 대해 잘 아는 사람이었다는 거지.

땅과 바다 사이의 투쟁이라는 관점에서 세계 역사의 전개과정에 시선을 돌려볼까.

고대 그리스 세계는 대양 민족의 항해와 전투에서 생겨났단다. "바다의 신이 그들을 양육했다"는 건 이런 의미였지. 크레타 섬을 지배하던 대양 권력Seemacht이 지중해 동쪽 바깥으로 해적들을 몰아내고 문명을 일구어내었는데, 그 문명의 불가해한 찬란함은 크노소스Knossos 섬의 고고학적 발굴을 통해 우리에게 알려지게 되었어. 그로부터 천 년 후 자유도시 아테네가 살라미스Salamis해전(기원전 480년)에서 그들의 적 "전능한vielgebietender 페르시아인"을 나무 장벽 뒤에서, 다시 말해 배 위에서 막아내었지. 아테네의 생존은 해전의 결과에 빚진 거야. 한편, 펠로폰네소스전쟁을 통해 그리스인들의 권력은 땅의 권력Landmacht 스파르타에게 굴복하지만, 스파르타는 그리스의 도시와 부족들을 통합해 그리스 제국을 이끌 능력이 없었어. 이탈리아의 농부공화국Bauernrepublik 태생으로 순수한 땅의 권력이던 로마는, 무역과 대양 권력이던 카르타고*에 대한 투쟁을 거치며 제

르난도가 아라곤 왕으로 즉위하면서 에스파냐의 통일이 시작되었고 카스티야 왕국도 에스파냐 왕국에 흡수되었다.

국으로 자라나게 되지. 로마의 역사는 전체적으로도, 특히 로마와 카르타고 사이의 오랜 대결이라는 측면에서 여타의 다른 세계사적 대립이나 상황에 자주 비견되어 왔어. 그런데 그런 비교는 많은 것을 배우게도 하지만 종종 기이한 모순을 일으키기도 하지. 대영제국englische Weltreich이 어떤 때는 카르타고에 비견되고 다른 때는 로마에 비견되곤 했거든. 대부분의 경우 이런 종류의 비교는 이쪽이나 저쪽 양쪽으로 뒤집어 사용할 수 있는 지팡이 같아.

반달족Vandalen, 사라센족, 바이킹과 노르만인들이 몰락하는 로마 제국으로부터 대양의 지배권을 빼앗았지. 수차례의 공격 끝에 아랍인들이 696년에 카르타고를 점령하고 새로운 도시 튀니스Tunis를 세웠어. 그 후 수백 년 동안 아랍인들이 서구의 지중해를 지배하게 되지. 콘스탄티노플에 의해 통치되던 동로마의 비잔티움 제국은 해안제국Küstenreich이었어. 이 제국은 강력한 함대와 더불어 소위 '그리스의 불'이라 불리는 비밀에 가득 찬 무기도 가지고 있었지. 오로지 자기방어에만 급급했기는 했지만, 대양 권력 비잔티움 제국

---

*Carthago: 카르타고('새로운 도시'라는 뜻)는 기원전 814년에 페니키아인들에 의해 세워졌다고 간주되나, 그 시기는 역사학자들 사이에서도 의견이 분분하다. 튀니지 해안의 돌출된 부분에 세워진 이 도시는, 지중해를 건너면서 시칠리아와 북아프리카 해안 사이를 지나가는 배들에게 세력을 떨치고 지배할 수 있는 탁월한 위치에 있었다. 무역 중심지가 되었으며 지중해의 주요 세력이자 로마의 맞수가 될 정도로 발전을 이룩했다.

은 순수한 땅의 권력인 칼 대제의 제국이 못했던 것을 성취할 수 있었어. 진정한 "저지자Aufhalter", 그리스어로 "카테콘Katechon"이 될 수 있었다는 것 말이야. 비잔티움 제국은 약체임에도 수백 년 동안이나 이슬람을 "저지"함으로써 이탈리아 전체가 아랍인들에게 점령되는 것을 막아내었지. 그러지 않았다면 당시 북아프리카처럼 고대-기독교 문화는 소멸되고, 이탈리아는 이슬람 세계에 통합되어 버렸을 거야. 십자군 원정을 거쳐 부상해서 기독교-유럽 지역에 하나의 새로운 대양 권력이 생겨나게 되는데, 그것이 베네치아란다.

'그리스의 불'. 비잔티움 제국의 군대에서 사용하던 화염 무기의 일종을 말한다. 이 불은 물로 잘 꺼지지 않았고 수면에서도 계속 타오르는 특성 때문에 해전에서 주로 사용되었다. 다수의 외침 속에서도 약 천 년간 꿋꿋이 버틴 이유 중에는 바로 이 '그리스의 불'이라는 훌륭한 병기에 힘입은 바가 크다. 이 화기를 만드는 비법은 비잔티움 제국에서 일급비밀로 간주되었고 워낙에 비밀이 철통같이 잘 유지되었던 탓에 현재까지도 그 정확한 성분을 알지 못한다.

　이와 더불어 새로운 신화적인 이름이 세계 역사의 웅대한 무대에 진출하게 돼. 베네치아 공화국은 거의 500여 년간 바다의 지배를 상징하며 대양 무역에 기초한 재력으로 고도의 정책적 요건을 갖춘 "모든 시대의 경제사를 통틀어 가장 진귀한 창조물"의 독보적인 개가로 여겨졌단다. 열렬한 영국 찬미자가 18세기에서 20세기까지의 영국에 대해 떠벌리는 모든 찬사들은 이미 베네치아에 대해 행해진 것들이지. 거대한 재력, 대양 권력으로서 땅의 권력들 사이의 대립을 이용해 그들의 싸움을 자신에게 유리하게 이끌 줄 알았던 외교적 우월성, 내부 정치 질서의 문제를 해결해 낸 귀족 정치적 법질서, 종교적 · 정치적으로 다른 견해들에 대한 관용, 자유로운 이념과 정치적 망명의 보호처. 거기에다 화려한 축제들과 예술적 아름다움이 주는 매혹적인 매력까지. 이 축제 중 특히 인간의 판타지를 불러내고 전 세계에 베네치아의 명성을 떨치는 데 기여한 것이 저 전설적인 '바다와의 약혼Verlobung mit dem Meer'이었어. 이탈리아어로는 'Lo spozalizio del mare'라고 불렸지. 매해 예수 승천일 Sensa(이탈리아어로 'Ascensióne') 전날에, 베네치아 공화국 총독Doge이 화려한 국가공식 선박 부친토로Bucentoro를 타고 바다로 나가 바다와 결속하는 의미로 반지 하나를 만조 속으로 던져 넣지. 베네치아인들은 물론 이웃 나라 사람들,

「예수 승천일, 몰로로 돌아오는 부친토로」, 카날레토, 1732년, 캔버스에 유화.

거리가 먼 민족들까지도 이 축제를 바다에서 나는 권력과 재력에 신비로운 축성을 부여하는 멋들어진 상징으로 여겼어. 하지만 원소적 관점elementarer Sicht을 알게 된다면 이 아름다운 상징이 실제로 어떤 의미를 지닌 것이었는지를 나중에 알게 될 거야.

1000년부터 1500년까지 이 환상적인 바다의 여왕[베네치아]은 점점 광채를 뿜어내며 발전했단다. 1000년경, 당시 비잔티움 제국의 황제인 니케포루스 포카스Nikephor Phokas는 "바다에 대한 지배권은 오직 나에게만 있다"라고 주장했는데, 이는 어느 정도 사실이었어. 그로부터 500년 후 콘스탄티노플을 점령한 터키의 술탄은 베네치아인들을 향해 "지금까지는 바다가 너희들의 신부였지만 이제부터는 나의 것이다"라고 천명하게 되지. 베네치아의 대양 권력은 이 두 시간의 사이 아드리아 해, 이집트 해안과 지중해 동쪽을 지배했어. 그 전설은 그때부터 19세기 후반과 20세기에도 전 유럽 국가들의 수많은 여행자와 유명한 낭만주의자들—바이런*, 뮈세**, 바그너***, 바레스****—을 베네치아로 끌어들였지. 누구도 이 마법에서 벗어나지 못할 것이며, 우리도 그 광휘가 내뿜는 찬란함을 중상할 생각은 없어. 하지만 과연 베네치아가 순수하게 바다적 존재maritimer Existenz였는지, 실지로 바다라는 원소를 위해 결단하였는지 묻는다면, 우리는 아드리아 해와 지중해 분지에 국한되어 있던 이 대양 권력이, 가늠할 수 없는 세계대양Weltozeane의 공간들이 열리자 얼마나 협소해지는지를 금세 깨달을 수밖에 없게 돼.

*George Gordon Byron: 1788-1824. 영국의 낭만파 시인. 포르투갈 · 에스파냐 · 그리스 등지를 방랑하면서 쓴 『차일드 해럴드의 편력(遍歷)』으로 유명해졌다.

**Alfred de Musset: 1810~1857. 프랑스의 시인, 소설가, 극작가. 20세에 시집 『에스파냐와 이탈리아 이야기』로 데뷔했다. 분방한 상상력과 섬세한 감수성으로 신선하고 솔직하게 사랑을 노래했다.

***Richard Wagner: 1813~1883. 독일의 작곡가. 19세기 독일 오페라의 전환점을 이뤘다.

****Maurice Barrès: 1862~1923. 프랑스의 작가, 평론가. 19세기 말 프랑스를 둘러싼 정치적 혼돈 속에서 전통적 국가주의의 회복을 부르짖었다. 스파르타를 방문, 신화와 역사를 넘나들면서 공동체의 정신을 집요하게 궁구해간 『바레스의 스파르타』를 썼다.

# O4

헤겔의 광범위한 사유세계의 정신을 담지하던 독일의 지리철학자 에른스트 캅Ernst Kapp은 『비교 보편 지리학Vergleichende Allgemeinen Erdkunde』(1845)에서 물에 의거해서 제국의 발전단계를 규정한 바 있단다. 그는 세 가지 발전단계를 구분하는데, 이는 거대한 드라마 한 편의 세 막에 해당돼. 그에게 세계역사는 "하천학(河川學)적potamischen" 문화, 다시 말해 동양Orient의 하천문화Flußkultur와 더불어 시작되는데, 이는

티그리스와 유프라테스 강 사이에 있는 메소포타미아 지역과 동방Osten의 아시리아, 바빌로니아, 이집트 제국이 연한 나일 강 변에서 시작되지. 그 뒤를 잇는 것이 지중해 내해(內海)Binnenmeer와 해안Meeresbecken의 소위 "연안thalassische" 시기인데, 여기에는 고대 그리스와 로마, 중세 지중해가 속하지. 아메리카 대륙의 발견과 [범선의] 지구주항Umsegelung과 더불어 세 번째이자 최고의 단계인 해양(海洋)ozeanische문화 단계에 도달하는데, 그 문화의 담지자가 게르만 민족이야. 상황을 가능한 한 명확히 하기 위해 강Fluss, 연안, 해양Ozean이라는 세 가지 범주로 분류해보자. 그러면 베네치아의 대양 권력Seemacht이 두 번째인 연안 단계에 머물러 있다는 것이 무엇을 의미하는지 더 분명히 알게 될 거야.

실제로는 "바다와의 약혼" 같은 축제에서 그 차이를 쉽게 볼 수 있단다. 바다에 의존하며 사는 다른 민족들에게도 바다와의 결합 같은 상징적 행위들을 찾아볼 수 있어. 예를 들어 어업과 항해로 살아가는 중앙아메리카의 인디언 부족들은 바다의 신들에게 반지와 소중한 보석, 사냥감, 심지어 인간을 제물로 바친단다. 그런데 바이킹이나 진정한 "대양 주름잡이들Seeschäumer"이 그런 의식을 행했던 것 같지는 않아. 그들이 다른 민족들에 비해 덜 경건했다거나 신의 힘들에 호소할 필요가 적었기 때문이 아니야. 오히려 바다와의

약혼이나 결혼 같은 의식을 치를 생각을 하지 않았던 이유
는 그들이 바로 진정한 바다의 자손들이었기 때문이지. 그
들은 대양의 원소Element와 자신들을 동일시하고 있었던 거
야. 상징적 약혼이나 결혼이란 제물을 봉헌하는 자와 그를
받는 신이 서로 구분되는, 심지어 대립적인 본성을 가지고
있음을 전제하잖아? 그러니까 희생 제물을 통해 낯선 원소
를 달래야 했던 거야. 베네치아의 축제 의식은 그 상징적 행
위가 원소적 바다실존elementaren Meeresexistenz으로부터 의미
를 얻는 게 아님을 보여주지. 여기에서는 고도로 발달된 해
변-, 해안문화Lagunekultur가 고유의 의식과 축제의 상징을
창조해낸 거야. 단지 바다 위를 이동하고 유리한 해안 입지
를 활용하며 세워진 문화와 역사적 실존 전체를 땅과는 다

른 원소인ein anderes Element 바다로 이전시키는 것과는 전혀
다른 문제라는 거야.

　해안제국 베네치아는 1000년경 달마티아Dalmatien*를
향해 "함대산책Flottenspaziergang"을 나가기 시작해. 한편, 배
후 지역, 에를 들어 크로아티아나 헝가리에 대한 베네치아
의 지배에는, 함대가 땅을 지배하는 경우에 늘 그렇듯 많은
문제가 있었어. 베네치아 공화국이 1797년 멸망할 때까지
지중해와 중세를 떠나지 않았던 건 조선기술 때문이기도 했
어. 베네치아는 지중해의 다른 나라들처럼 갤리Galeere라 불
리는 노 젓는 배Ruderschiff만 보유하고 있었어. 거대한 장거
리 범선Segelschiff은 나중에 대서양에서 지중해로 전해진 거

　　*크로아티아의 아드리아 해 연안 지방.

야. 그러니까 베네치아 함대는 기본적으로 노의 힘으로 움직이는 갤리 함대였던 거지. 고대에도 그랬듯이, 돛은 바람이 뒤에서 불 때 유리하기 때문에 나중에는 보조적으로만 이용되었어. 나침반을 현대적 형태로 개선한 것은 항법상 획기적인 성과였어. 캅Kapp이 언급한 것처럼, 나침반은 "배에 정신적인 차원을 부여하고, 인간이 배에 일종의 친밀감이나 연대감과 같은 더 강한 애착을 갖도록" 만들었어. 그때부터 비로소 해양에서 멀리 떨어진 육지들도 서로 접촉할 수 있게 되어 전 세계Erdkreis라는 것이 등장하게 되는 거야. 그렇지만 현대적 나침반이—지중해에 현대적 나침반이 등장한 시기는 1302년 이탈리아의 대양도시 아말피Amalfi라고 기록되어 있는데—베네치아에서 나온 것은 아니야. 베네치아인들은 이 새로운 도구를 해양을 항해하는 데 활용하려고 생각하지는 않았기 때문이지.

다시 한 번 말하지만, 우리는 베네치아의 광휘와 명성을 추호도 음해할 생각이 없단다. 다만 한 민족이 자신의 역사적 실존 전체를 다른 원소가 아닌 바다를 향해 결단한다는 것이 무엇을 의미하는지는 분명히 해야겠지. 여기서 문제 삼는 것이 무엇인지, 왜 당시 지중해가 인간의 실존 전체를 땅에서 바다로 이전시켰다고 말할 수 없는지를 가장 잘 보여주는 것이 당시 해전의 양상이야. 고대의 해전은 노로 움직이는 배들이 서로의 충각(衝角)*과 뱃전**을 찾아 충돌해 상대 배를 침몰시키는 것이었어. 그렇기에 해전은 늘 근접전일 수밖에 없었지. "마치 씨름하는 남자들처럼 배들이 서로를 껴안았지." 밀레Mylae해전***에서 처음으로 로마인들은 적의 배의 갑판에 판자를 다리로 걸치고는 80명이 적의 배에 승선하는 방식을 도입했어. 이로써 해전은 배 위에서 이루어지는 육지전Landschalcht처럼 된 거야. 극장 무대 같은 갑판 위에서 검을 들고 싸움을 벌였지. 고대의 유명한 해전들은 이런 방식으로 이루어진 거야. 이보다 더 원시적인 무기로 싸우기는 했지만 말레이시아와 인디언 부족들 역시 같은 원리에 따라 대양 전투를 벌였어.

이러한 방식으로 벌어진 최후의 위대한 해전은 베네치아 역사상 마지막 명성을 떨쳤던 레판토Lepanto해전(1571)이야. 스페인-베네치아 함대가 터키 함대와 맞서 싸워서 기독교인들이 이슬람인들과 벌인 전투 중 가장 큰 승리를 거두었기 때문이지. 이 해전은 기원후 시대가 시작되기 얼마

*적의 배를 들이받아 파괴하기 위하여 뱃머리에 단 뾰족한 쇠붙이.
**배의 양쪽 가장자리 부분.
***BC 260년 제1차 포에니 전쟁 초기에 로마군(軍)이 카르타고 해군에게 대승한 싸움. 시칠리아 북안의 항구도시 밀레에서 싸움이 벌어지자, 해전에 숙달되지 못한 로마군은 군함에 잔교(棧橋)를 설치, 적선에 가까이 다가가서 이를 걸쳐 놓고 공격하는 새로운 전술로 승리하였다. 로마 해군 최초의 승리였다.

전(기원전 30년) 악티움Aktium에서 동방 함대와 안토니우스Antonius, 그리고 옥타비아Oktavian의 서방 함대가 맞섰던 바로 그 장소에서 벌어졌어. 레판토해전은 전반적으로 1500년 전 악티움에서 이용했던 것과 동일한 조선기술 수단을 가지고 이루어졌어. 스페인의 유명한 최정에 보병부대인 테르시오Tercio*와 오스만 제국의 친위부대 예니체리Janitscharen**가 갑판 위에서 맞섰던 근접전이었던 거야.

레판토해전이 있은 지 불과 몇 년 뒤인 1588년에, 영국

*16~17세기경 스페인의 보병 대형을 일컫는 말. 1525년 파비아전투에서는 프랑스 왕 프랑수아 1세를 포로로 잡는 전과를 올렸다. 테르시오의 힘으로 스페인은 이탈리아 전쟁에서 승리했고, 프랑스의 이탈리아에 대한 개입을 좌절시켰다. 네덜란드의 반란도 16세기 말까지 거의 억제하는 데 성공했으나 17세기에 들어서 몰락했다.

과 대륙 사이에 있는 영국해협에서의 스페인 아르마다Armada 함대의 패배는 해양 전쟁 전술의 전환점을 알렸지. 영국의 작은 범선이 스페인의 육중한 국가 함대보다 월등하다는 것이 입증됐기 때문이야. 그렇지만 당시 조선기술 분야를 선도했던 측은 영국이 아닌 네덜란드였단다. 네덜란드인들은 1450년에서 1600년 사이에 그 어떤 민족들이 했던 것보다 더 많은 새로운 유형의 배들을 창안해내었지. 신대륙과 해양을 발견한 것만으로는 세계의 바다를 지배하고, 원소로서의 대양을 향한 결단을 정초하기에 충분하지 않았던 거야.

**오스만투르크의 상비(常備)·유급(有給) 보병군단이다. 예니는 '새로운(新)', 체리는 '군인(軍)'이라는 뜻으로, 오스만 제국에 정복된 유럽 속령(屬領) 내의 기독교도 중에서 장정을 징용하여 이슬람교로 개종시키고 엄격한 훈련을 실시한 다음 술탄의 상비 친위부대에 편입시켰다. 고봉(高俸)을 받고 고위·고관에 영전하는 등용문이었으므로 자기 자식을 지원시키는 기독교도도 있었다. 특히 14~16세기의 정복전쟁에서 많은 무공을 세워 투르크병의 인기를 독차지하였으나, 뒤에는 군기가 문란해져 횡포가 심하고 술탄의 폐립(廢立)에도 개입하게 되었으므로 1826년 폐지되었다.

## 05

---

새로운 해상적 실존의 첫 번째 영웅은 화려한 국가 함대에 탄 고귀한 제독이 아니라, 야심적인 모험가들과 대양 주름잡이들, 해양을 누비는 고래사냥꾼들Waljäger과 과감한 범선 항해자들이었어. 고래잡이와 조선술Schiffsbau이라는 두 중요한 분야에서 처음에는 네덜란드인들이 월등히 앞서 있었지.

무엇보다 먼저 고래와 고래사냥꾼의 위엄을 칭송해야 하겠구나. 바다의 위대한 역사, 바다라는 원소를 향한 인간의 결단에 대해 말하면서 저 위대한 리바이어던과 그만큼이나 위대한 사냥꾼에 대해 말하지 않을 수 없기 때문이야.
실제로 이는 벅찬 주제란다. 고래Wal와 고래물고기Walfisch*
사냥꾼에 대해서는 어떤 칭송으로도 부족하지. 이 두 바다
의 경이로움, 살아있는 동물 중 가장 강한 동물, 모든 사냥
꾼들 중 가장 기민한 사냥꾼을 내가 어찌 감히 온전하게 이
야기할 수 있겠니?

그럼에도 내가 감히 이 주제를 끄집어낼 수 있는 이유는
걸출한 두 문장관이 이미 바다의 이 두 경이로움에 관해 이
야기를 마쳤기 때문이야. 달변의 프랑스 역사가 쥘 미슐레
Jules Michelet와 위대한 미국의 작가 허먼 멜빌Herman Melville
이 그들이지. 저 프랑스인은 1861년 바다에 관한 책**을 출
간했어. 그것은 바다의 아름다움과 탐험되지 않은 경이로운
세계, 바다의 지반Meeresboden 위에서 살아가며 성장하는 대
륙, "이 세계의 포악한 왕"인 인간이 아직 정복하고 수탈하

*독일어 단어 '고래'는 고어로 Walfisch라고 지칭되어 왔으나, 고래가 포
유류임이 알려진 이후에는 'Wal'이라고만 지칭한다. 슈미트는 이 책에서
'고래'의 고어인 'Walfisch'의 의미를 되살리고 있다. 이 두 단어의 의미 차
이를 분명히 하기 위해 Wal은 '고래', Walfisch는 '고래물고기'라고 번역
한다. 이하 본문 참조.
**『바다La Mer』를 말한다. 미슐레는 바다를 가리켜 "지구의 거대한 암컷이
요, 지칠 줄 모르는 욕망으로, 영원한 수태로 새끼를 낳는 끝없는 생명체"
라며, 따라서 바다는 "이 지구 상에 처음으로 생명을 낳은 곳"이요, "인간이
그 질서를 존중할 줄 알고 그것을 깨뜨리지 않고 참을 줄만 안다면 그 복 받
은 양식을 기꺼이 내놓을 것"이라 단언한다.(정진국 옮김, 새물결, 2010).

지 않았던 대륙 전체의 풍요Reichtümer에 대한 찬가였어. 멜빌에게 세계의 해양Weltozean은 호메로스Homerēs에게 지중해 동쪽과도 같았지. 위대한 고래 모비 딕과 그 사냥꾼, 아합Achab 선장의 이야기가 쓰여진 『모비 딕Moby Dick』(1851)은 원소로서의 해양에 바치는 가장 아름답고 생생한 서사시야.

내가 고래Wal라는 단어 대신 종종 고래물고기Walfisch라고 쓰고, 고래사냥꾼Waljäger이 아니라 고래물고기 사냥꾼Walfischjäger이라고 말하는 것이 식견이 없는 부정확한 표현으로 여겨지리라는 걸 잘 알고 있단다. 사람들은 내게 고래의 동물학적 본성에 대해 가르치려 들면서, 고래가 포유류이며 물고기가 아니라는 것은 어린 학생들도 아는 사실이라고 말할 거야. 온혈동물인 고래물고기는 아가미로 숨을 쉬는 물고기와 달리 허파로 숨을 쉬고, 고래물고기 암컷은 생태학적으로 꽤 발육된 살아 있는 새끼를 낳은 후 1~2년 동안 사랑스럽게 젖을 먹여 돌본다는 것은 이미 1776년 출간된 린네Carl von Linné의 『자연의 체계』에도 나와 있는 바니까. 나는 고래에 대한 심원한 학문을 하는 고래학자들Cetelogen과 논쟁하고 싶지 않아. 나만이 옳다고 고집 피우는 대신 내가 왜 '고래물고기'라는 이 낡은 이름을 계속 사용하는지 짤막하게 해명해야겠다. 당연히 고래는 청어나 농어 같은 물고기가 아니야. 그럼에도 불구하고 내가 이 진귀한

괴물을 물고기라고 부르는 것은 따뜻한 피를 가진 그 거대 생명체가 바다의 원소에 생리학적 조건도 없이 자신을 내맡기고 있다는 사실에 대한 놀라움을 표현하기 위해서야. 너도 한번 그 반대의 경우를 잠깐 떠올려보렴. 아가미를 통해 호흡하는 거대한 육지동물을 말이야! 북극에서 남극까지 세계의 바다를 헤엄쳐 횡단하는 가장 크고, 가장 강하며, 가장 힘이 센 바다동물이 바다의 서식 조건에서 폐로 숨을 쉬고, 포유류로서 살아있는 새끼들을 낳는다는 것! 양서류도 아닌 온전한 포유류이면서도 동시에 그 생명의 원소에 의하면 물고기라는 것이지. 이 거대한 물고기를 잡는 사냥꾼이 여기서 우리가 다루는 시기, 그러니까 16세기부터 19세기까지 단순한 "포획자Fänger"가 아니라, 굉장한 방식의 진

정한 사냥꾼Jäger이었다는 것은 우리에게 꽤나 중요한 거야.

프랑스의 고래 칭송자 미슐레는 바다에 관한 책에서 고래물고기의 애정과 가족생활을 특히 감동적으로 묘사하고 있어. 고래물고기 수컷은 가장 용감하고 정중한 애인이고 가장 다정다감한 배우자이면서 가장 사려 깊은 아버지야. 고래는 모든 생명체 중 가장 인간적이란다. 야만적이고 끔찍한 수단으로 고래를 멸종시키는 인간보다 훨씬 더 인간적이지. 미슐레가 책에서 묘사했던 고래잡이 방법은 1861년 당시에는 그래도 온건하고 무해한 편이었어. 비록 증기선과 대포가 이미 확률을 역전시키면서 불쌍한 고래를 쉬운 포격대상으로 바꿔 놓긴 했지만. 오늘날 산업화된 고래기름 추출과 고래고기 가공의 현장을 목격한다면 동물과 인간을 사랑하던 미슐레는 무슨 말을 할까?

1914~1918년의 세계대전 이래 "해수(海水)적pelagischen" 포획법이라는 이름하에 생겨나 점점 정교해진 고래잡이 기술은 더 이상 사냥은커녕 포획이라고도 부를 수 없어. 오늘날에는 전기 기계장치, 대포, 화약, 정찰기, 음향 및 무선 감지기로 무장한, 항해하는 주방Kochereien이기도 한 3만 톤에 육박하는 거대 선박들이 남극의 빙하로 향하지. 고래들이 그리로 도망가기 때문이고, 죽은 고래들을 배 위에서 즉시 산업적으로 가공하기 위해서야. 이 속도라면 불행한 리바

이어던은 얼마 안 가 우리 행성에서 거의 사라져버릴 거야. 마침내 1937년과 1938년 런던에서 고래 포획에 일정한 규제를 가하고, 포획 구역의 구분 등을 합의한 국제협약이 체결되지. 아직 살아남은 고래들만이라도 이 무분별한 근절에서 보호하기 위해서였어.

이와 비교해보면, 내가 말하는 고래 사냥꾼들은 단순한 포획꾼Fänger도, 그렇다고 기계적인 고래 도살자Walschlächter도 아닌 진정한 사냥꾼Jäger들이었어. 그들은 북극이나 대서양 연안에서 범선과 노 젓는 보트를 타고 광활한 세계 바다의 공간들을 관통해 사냥감을 쫓지. 이 사냥꾼들이 강하고 영리한 바다 거구와 싸움을 벌일 때 쓰는 무기란 고작

해야 손으로 던지는 작살이었어. 말하자면 이것은 동물학적 분류상의 물고기가 아닌 두 생명체들이 바다의 원소 속에서 움직이는, 목숨을 건 싸움이었던 거야. 당시 이 싸움에서 인간이 사용하는 수단이라고는 근육의 힘으로 움직이는 돛과 노, 그리고 죽음을 부르는 발사체인 작살이 전부였단다. 고래는 꼬리를 내리치는 것만으로도 보트와 배를 산산조각낼 정도로 강해. 인간의 계략에 수천 가지 계략으로 맞서기도 하고. 수년간 포경선 수병으로 일한 바 있던 허먼 멜빌은 『모비 딕』에서 이 싸움의 과정에서 사냥꾼과 사냥감 사이에 거의 "개인적 관계persönliche Beziehung"라고 까지 말할 수 있는 미묘한 적대와 동지적 결합이 어떻게 맺어지는지 묘사하고 있어. 바다에 사는 다른 생명체와의 이런 투쟁을 통해 인간은 점점 해상적 실존의 원소적 깊이까지 빠져들게 되었던 거야.

　고래물고기 사냥꾼들은 지구의 북쪽에서 남쪽으로, 대서양에서 태평양으로 범선을 타고 항해했어. 늘 베일에 가려진 고래의 경로를 쫓으면서 섬과 대륙을 발견해도 그를 떠벌리지 않았지. 멜빌의 소설에서 항해자 중 한 명은 오스트레일리아를 발견한 쿡 선장의 책을 읽더니 이렇게 말하지. 고래 사냥꾼이라면 자신의 항해일지에 쓰지 않을 것들에 대해 쿡 선장은 책을 썼다고. 미슐레는 인간에게 해양

을 계시해 준 것이 누구인가라고 묻지. 누가 해양의 지대
와 해로를 발견하였나? 한마디로, 누가 지구Erdball를 발견
하였는가? 고래와 고래물고기 사냥꾼들이야! 콜럼버스 없
이도, 북쪽이나 브르타뉴Bretagne와 바스크Basque 출신의 어
부들이 먼저 발견한 것을 소란스럽게 재발견할 뿐인 유명

한 금 채집자들Goldsucher 없이도 이 모든 것을 행했던 거야. 계속해서 미슐레는 이 고래물고기 사냥꾼들이야말로 인간의 용기를 가장 숭고하게 표현한다고 덧붙이지. 고래물고기가 없었더라면 어부들은 언제까지고 해안에만 들붙어 있었을 거야. 고래가 그들을 유혹해 해양으로 끌어들임으로써 해안에서 해방시켰던 것이지. 고래를 통해 인간은 해류를 발견하고 북쪽의 관통로Durchgang를 발견했어. 고래가 우리를 안내했던 거야.

　16세기 우리가 사는 행성에는 동시에 서로 다른 두 종류의 사냥꾼들이 원소적 출발점에 위치하고 있었어. 열려진 이 두 새롭고 무한한 공간들이 위대한 제국들의 요람이었던 거야. 땅에서는 러시아의 모피동물 사냥꾼들이 모피동물들을 쫓아 시베리아를 정복하고 육로를 통해 동아시아 해안에 도달했지. 대양에서는 바다를 헤치고 전진하며 고래를 사냥했던 북유럽, 서유럽에서 온 고래 사냥꾼들이, 미슐레가 옳게 말했듯, 지구Globus를 우리에게 열어젖혔어. 이들이야말로 새로운 원소적 실존의 장자(長子)들, 최초의 진정한 "대양의 자식들"이야.

# o6

새로운 시작의 이 시기는 중요한 기술적 성과와 일치해. 여기서도 네덜란드인들이 선두를 점했어. 이들은 1600년경 조선술Schiffbaues에 있어 논란의 여지 없는 대가들이었지. 이들이 고안한 새로운 돛 기술Segeltechnik과 새로운 유형의 돛은 노(櫓)를 대치하고, 새로 발견된 세계의 해양에 걸맞은 항해와 항법Navigation을 가능하게 하였지.

1595년경 북네덜란드의 서(西)프리트란트westfriesische 도시 호른Hoorn 외곽에서 횡범(橫帆)Rahsegel*을 단 새로운 유형의 선박이 등장해. 횡범은 뒤에서 부는 바람만으로 작동하던 이전의 돛과는 달리 옆에서 부는 바람으로도 항해를 가능하게 한 돛으로, 이전까지와는 전혀 다른 방식으로 바람을 이용할 수 있게 했어. 그 이후로 삭구(索具)Takelage**와 항해기술이 지금까지 상상하지 못했던 방식으로 개선되었지. 선박 유형의 발전사를 기술한 역사가 베른하르트 하게도른Bernhard Hagedorn은 이를 "중세 항해 방식이 파국적으로 붕괴한 사건"이라고 말해. 땅과 바다의 관계에서 역사상 중요한 전환점이 생겨난 것이지. 배와 삭구에 재료Material로 이용할 수 있는 모든 것은 그때 전반적으로 완성되었어. 이 이후 조선기술 분야의 또 다른 기술 혁신은 19세기나 되어야 나타나. 하게도른은 "거대한 돛을 내리고는, 작은 돛으로도 그 모든 걸 할 수 있음을 알게 된 뱃사람Schiffer들에게는 계시가 내린 듯했을" 거라고 하지. 이 기술적 성취의 결과, 네덜란드인들은 모든 유럽 나라들의 "운송업자Fuhrleute"가 돼. 독일 한자동맹*** 무역의 계승자 자리도 네덜란드가 차

*배의 중심선에서 거의 직교하는 활대에 걸리는 4각의 돛.
**배에서 쓰는 밧줄이나 쇠사슬 따위를 통틀어 이르는 말.
***Hanseatic League. 14세기 왕이나 영주로부터 '자치의 확보'와 '치안의 유지', 그리고 다른 국가의 상업도시로부터 이익을 지키기 위해 독일의 도시들이 상업도시 뤼베크를 중심으로 모여 만든 동맹. 한때 100개도 넘는

항해하는 네덜란드 선박. 1565년경.

지하게 돼. 세계적인 강대국 스페인조차 해외 운송을 계속
하기 위해서는 네덜란드의 선박을 고용해야 했어.

도시들이 가입했지만 결국 프로이센이나 브란덴부르크 같은 군주 도시들
이 압박해오고, 상업에서도 영국이나 네덜란드 등에 밀리게 되면서 쇠퇴
해 15세기에 완전히 없어진다.

또 16세기에는 새로운 군함이 등장, 해전에서 또 다른 단계가 시작돼. 포를 장착한 범선이 측면에 화포를 설치해 적을 향해 측면에서 포탄을 퍼붓는 거지. 이로써 해전은 고도의 항해술과 결부된 원거리 대포-교전Artilleriekampf이 되지. 앞서 말했듯이 노를 저어 이동하는 갈레선 선원들의 전투가 선원들 사이의 "승선한" 육지전이었던 데 반해, 처음으로 제대로 된 해전이라 말할 수 있는 것이 등장하게 된 셈이야. 이와 더불어 새롭고 복잡한 해전 및 대양교전 전술이, 곧 해상 교전이 이루어지기 전과 교전 중, 그리고 교전 후에 필요한 고도로 "진화한Evolutionen" 기술이 등장해. 이 새로운 기술에 대한 최초의 근대적 의미의 학문적인 서적이 프랑스인 예수회 신부 폴 오스테Paul Hoste에 의해 1679년 리용에서 출간돼. 『해양 군대의 기술 혹은 해양 진화의 협정 L'Art des Armées Navales ou Traitédes Évolutions Navales』이 그것이야. 이 책은 네덜란드에 맞서 루이 14세가 벌인 전쟁 중 네덜란드인, 영국인, 그리고 프랑스인들의 해전과 해양 전략을 비판적 관점에서 다루고 있어. 다른 프랑스인들의 저작들도 잇따랐지. 영국인이 해양 전략의 유명한 이론가로 등극하게 되는 건 18세기 말, 더 정확하게는 1782년 존 클라크 엘딘*에 이르러서야.

*John Clerk of Eldin: 1728~1812. 스코틀랜드의 상인이자 해군 작가.

서유럽과 중부유럽 모든 민족들이 나름의 방식으로 새로운 땅의 발견과 유럽인의 세계 지배에 기여했어. 이탈리아인들은 나침반을 완성하고 해상지도를 그렸지. 아메리카의 발견은 누구보다 토스카넬리Paolo Toscanelli dal Pozzo와 콜럼버스의 사유와 지식의 힘 덕분이야. 포르투갈인들과 스페인인들은 최초의 대발견 항해를 감행해 지구를 한 바퀴 돌았지. 독일의 위대한 천문학자와 뛰어난 지리학자들은 새로운 세계상 형성에 기여했어. 독일의 지도제작자 발트제뮐러Martin Waldseemüller는 1507년 '아메리카'라는 이름을 고안해냈고, 베네수엘라에서 벨저Welser* 가의 모험은 스페인의 저항을 이겨내지는 못했지만 위대한 식민주의의 단초가 되었어. 네덜란드인들은 고래 사냥과 조선기술에서 승리했지. 프랑스인들은 특히 삼면이 물로 둘러싸인—지중해, 대서양, 영국해협—지리적 입지, 경제적 부, 대서양 해안 국민들의

---

*벨저 가문은 독일 아우크스부르크를 근거지로 은행 및 상업으로 번성했다. 초기의 운송업, 면화재배업에서 확장, 대출업, 광산업으로 재화를 구축해 앤트워프, 리옹, 마드리드, 베네치아, 로마 등에 지점과 공장을 설립했다. 이 가문은 유럽 경제의 다양한 분야를 통제하고 아메리카의 식민지경영을 통해 막대한 부를 축적했다. 그중 처음으로 아메리카 개척을 시도한 인물은 안톤 벨저와 바르톨로메우스 벨저인데, 베르톨로메우스는 황제 카를 5세에게 대출한 막대한 금전적 보상으로 'Klein-Venedig'('작은 베네치아'라는 뜻의 베네수엘라 식민지 주)의 통치권을 위임받는다(1529~1546). 그러나 과도한 식민지 수탈과 권한 침해로 경영권을 박탈당했고, 새로 부임한 에스파냐의 주지사에 의해 살해당한다.

선원정신Seefahrergeist 덕분에 특히 많은 가능성을 가지고 있었어. 1522년 프랑스의 바이킹 장 플뢰리Jean Fleury는 세계 권력 스페인에 처음으로 심각한 타격을 가하지. 아메리카의 코르테스Cortez 총독이 스페인으로 보내는 진귀품이 실린 선박 두 척을 탈취해 낸 거야. 1540년 또 다른 프랑스인인 장 카르티에Jean Cartier는 '새로운 프랑스', 즉 캐나다를 발견하고는 프랑스 왕의 소유로 만들어. 라로셸La Rochelle에서 몰려온 위그노 사략선원들Korsaren*은 이 시기 해상 에너지를 분출하는 데 특히 중요한 역할을 했단다. 콜베르Jean-Baptiste Colbert 같은 천재적인 해양장관 덕분에 프랑스는 17세기 전함 구축 분야에서 수십 년간 영국인들보다 앞설 수 있었어.

영국인들이 이룩한 항해의 성취가 중요하다는 건 말할

---

*사략선(私掠船)은 국가로부터 특허장을 받아 개인이 무장시킨 선박을 뜻한다. 근세 초기 유럽 국가들은 상비 해군을 보충하기 위해 사략선에 교전자격을 부여했다. 사략선은 세금을 쓰지 않고 무장한 선박과 선원을 동원하는 데 사용됐는데 해군력이 약한 나라나 무역에 의존하는 적과 마주한 국가에 도움이 됐다. 그들은 적의 상업을 교란시키고 적국으로 하여금 더 많은 전함을 배치하도록 했다. 역사적으로 사략선 업자들과 해적들의 행위는 실질적인 차원에서 큰 차이가 없었다. 둘 모두 습격과 약탈을 했다는 점에선 동일했다. 사략선은 해적선과 달리 국가로부터 권한을 받아 합법적 활동을 했다는 차이가 있을 뿐이다. 오랜 기간동안 여러 정권은 사략선 활동을 허용해 왔고, (준)해적들은 합법의 미명 아래 활동을 할 수 있었다. 1856년 파리선언을 통해 에스파냐를 제외한 국가들은 사략선 제도를 폐지하였고, 이는 1907년 헤이그에서 열린 제2차 만국평화회의에서 국제법상 원칙이 됐다.

필요도 없지. 하지만 영국 항해인들은 1570년이 지나서야 적도를 건너가. 영국 사략선들이 대양과 아메리카로의 경주에 대거 참여하기로 단행한 것은 16세기 후반이나 되어서야.

# 07

고래 사냥꾼과 범선 항해사와 더불어 해적, 사략선원, 해상 무역 모험가 등 온갖 부류의 대양 주름잡이들은 16세기와 17세기에 결실을 맺은 바다를 향한 원소적 전환의 여명을

알리는 무리들이야. 여기서 우리는 또 다른 무모한 유형의
"대양의 자식들"을 다룰 거야. 그중에서도 유명한 이름들,
즉 프랭크 드레이크Frank Drake, 호킨스John Hawkins, 월터 롤
리 경Sir Walter Raleigh, 헨리 모건 경Sir Henry Morgan처럼 여
러 책에서 바다와 해적에 관한 전설에 등장하는 영웅들 말
이야. 실제로 이들의 삶은 모험이었어. 이들이 스페인의 진
보(珍寶)함대Silberflotte를 약탈하였다는 사실만으로도 흥미
진진한 주제지. 해적 일반에 대해서는 물론 유명한 해적들
에 관한 책들도 많은데, 심지어 영어로는 "The Pirates' Who's
Who"라는 우스꽝스러운 제목으로 해적의 인적사항을 모아
놓은 사전도 있단다.

　　여러 범주로 분류되는 이 대담한 대양 약탈자들이 역
사적 명성을 얻게 된 이유는 이들이 스페인의 세계 권력과
무역 독점에 첫 번째 타격을 가했기 때문이야. 같은 범주에
속하는 프랑스의 대양요새 라로셸의 위그노 해적들은 엘리
자베스 여왕 시절 네덜란드의 "제고이젠Seegeusen"*과 합세

*네덜란드 독립전쟁 당시 스페인의 압정에 반항한 네덜란드 프로테스탄트
교도 및 그들의 동맹. 스페인 왕 펠리페 2세가 트리엔트공의회(公議會)의
결정사항을 실행하면서 네덜란드에서 프로테스탄트들을 박해하자, 1566
년 귀족들이 항의하여 브뤼셀의 섭정(攝政) 파르마 여공(女公)에게 청원
서를 제출하였다. 이때 정신(廷臣) 바를레몬이 여공에게 "거지gueux 무리
에 지나지 않습니다"고 말한 데서 이 명칭이 생겼다. 이듬해 펠리페 2세가
알바 공(公)을 보내어 더 가혹한 공포정치를 펴자, 일부는 해산하고 일부
는 국외로 망명하여 제고이젠(Zee Geusen: 바다의 거지단)을 조직, 해상

해 스페인에 맞서 싸웠지. 1588년에 스페인의 무적함대 아르마다Armada를 파멸시키는 데 적극적으로 참여했던, 이른바 엘리자베스의 사략선원들도 있었어. 엘리자베스 여왕의 사략선원들의 뒤를 이은 것이 제임스 1세의 사략선원들인데, 그중에는 처음에는 악명높은 해적이었다가 1616년 왕에게 사면을 받은 후 관직과 명예를 얻어 해적 소탕자가 된 헨리 메인워링 경Sir Henry Mainwaring 같은 사람도 있지. 그 뒤를 이어 자메이카와 서인도제도에 기지를 두고 광범위한 습격을 계속한 프랑스인들, 네덜란드인들, 영국인들로 이루어진 플리뷔스티에Flibustiers와 거친 버커니어Buccaneers들*이 있는데, 그중 1671년 파나마를 약탈했던 헨리 모건 경은 찰스 2세에게 귀족 지위를 받고 자메이카의 왕립 총독으로 임명됐어. 이들의 마지막 영웅적 행위는 1697년 프랑스 왕립 함대의 도움을 받아 콜롬비아 카르타헤나Cartagena에 있는 스페인 대양 요새를 점령한 것인데, 이 요새를 손에 넣은 후 프랑스군이 퇴각하자 무자비하게 약탈했어.

이 대양 주름잡이들에게서 바다의 원소가 터져 나오게 돼. 이들의 영웅적 시기는 1550년경에서 1713년까지

을 근거지로 에스파냐에 대항하였다. 저항운동은 네덜란드 독립전쟁의 도화선이 되었는데, 이후 네덜란드 애국자의 대명사가 되었다.

*16~18세기에 카리브 해와 라틴아메리카 연안의 에스파냐 식민지 및 에스파냐 선박을 습격한 해적들을 일컫는 말. Flibustier는 '해적'이라는 뜻이고, Buccaneer는 '부랑자'라는 뜻이다.

약 150년간 지속되는데, 이 시기는 가톨릭 세계 권력 스페인에 맞선 프로테스탄트 권력의 투쟁부터 시작해서 위트레흐트Utrecht조약*까지에 해당돼. 물론 대양 약탈자들은 모든 시대, 모든 바다에도 있지. 앞에서 이미 이야기했듯이, 수천 년 전 크레타 제국에 의해 지중해 동쪽에서 쫓겨난 해적들부터 1920년대 후반에서 1930년대에 극동 지역에서 상선들을 공격하고 약탈하던 중국의 정크Duschungken**에 이르기까지 말이야. 하지만 16세기와 17세기 사략선원들은 해적질의 역사에서 특별한 장을 차지해. 1713년 위트레흐트조약에 이르러 이들의 시대가 막을 내리는데, 당시 유럽의 국가 체계가 이때 공고화되기 때문이야. 그때부터 바다 권력의 전함들이 더 효과적으로 바다를 통제할 수 있었고, 바다 원소에 기초한 영국의 새로운 세계 지배가 처음으로 가시화되었지. 물론 19세기에 이르기까지도 정부의 허

---

*에스파냐 왕위 계승 전쟁의 결과 1713년에 체결된 평화조약으로, 유럽의 지도를 크게 재조정했다. 이 조약으로 유럽은 적절한 세력 균형을 이루고 이후 약 30년 간 큰 충돌 없이 지낼 수 있었다.

**정크(영어: Junk, 중국어: 戎克船)는 전통적인 중국 범선을 말한다. 기원후 2세기 한나라 때 만들기 시작한 이래 지금까지도 널리 이용되고 있다. 추진력은 바람이며, 아마포 같은 두꺼운 천(범포(帆布))으로 된 정사각형의 돛이 달려 있다. 중세 초기부터 인도양을 비롯한 원양 항해에 투입되었으며, 15세기 정화(鄭和)의 7차 '하서양(下西洋)'에서 절정을 맞이하였다. 이탈리아 선교사인 오도릭은 인도 서남해안에 위치한 항구 폴룸붐(Polumbum, 현 퀼론Quilon)에서 700명이나 승선할 수 있는 중국 선박 정크로 갈아탔다고 자신의 여행기(『동방기행』참고)에 기술하고 있다.

락을 받고 전쟁을 치르던 사설 사략선들이 있었어. 하지만 세계는 자체적으로 조직되기 시작했고, 조선과 항해기술이 점점 과학적으로 진보함에 따라 해적질은 영국의 한 해양 전문가의 말처럼 "대양 전쟁의 전(前) 과학적 단계"가 되어 버리지. 이제 빈 주먹만 들고 떼로 몰려드는 해적은 비열한 범죄자가 된 거야. 물론 몇몇 예외는 늘 있었어. 그 예외에 해당하는 인물이 프랑스의 해적 선장 미숑James Misson인데, 그는 1720년경 마다가스카르에 기묘한 인간성의 제국*을 세우려고 했어. 하지만 위트레흐트조약 이래로 결국 해적 은 세계 역사의 변방으로 밀려나게 돼. 18세기에 해적은 야 생의 존재, 범죄자에 지나지 않게 됐어. 비록 가끔, 해적은 여전히 스티븐슨Robert Louis Stevenson의 『보물섬』 같은 흥미 진진한 이야기의 영웅일 수는 있지만 더 이상 아무런 역사 적 역할도 수행하지 않게 되지.

이에 반해 16세기와 17세기의 사략선원들은 역사에서 상당한 역할을 했어. 그들은 손에 무기를 들고 영국과 스페

---

*인도와 중동, 유럽 사이의 풍요로운 교역로에 자리 잡은 마다가스카르는 해적들에게 이상적인 기지였다. 섬의 내륙이 광대하고 비밀 정박지들이 많 았으며 토착민들이 별로 없었고 모든 사람을 먹여 살릴 만큼 음식물이 풍 부했으며, 희망봉을 돌아 인도양에서 첫 번째 만나는 정박지여서 상당한 양의 노획물을 수확할 수 있었다. 1680년부터 25년 동안 마다가스카르는 해적 피난처로 번창하면서, 또 모든 사람이 평등한 '자유의 나라Libertaria' 라고 하는 사회적 실험의 본향으로도 유명했다.

인이 벌인 거대한 세계적 대결에 참여했지. 그들의 적 스페인은 이들을 흔히 범죄자로 취급하고 붙잡으면 도둑이나 살인자처럼 목을 매달았어. 하지만 이들을 고용한 정부 역시 이들이 불편해지거나 외교 정책상 필요하면 냉정하게 물리쳤지. 사략선원이 왕의 고관으로 높은 지위를 얻고 생애를 마치느냐 혹은 교수대에서 목을 매다느냐 여부는 운에 달려 있었어. 일상생활에서 우리는 해적Pirat, 사략선원Korsar, 사략선Privateers, 상업-모험가Merchant-Adventuerer 같은 말들을 바꿔쓰고는 해. 실제로 각각의 단어는 특정한 의미를 갖고 있는데 말이야. 법률적으로 보자면 해적과 사략선원 사이에는 큰 차이가 있단다. 해적과 달리 사략선원에게는 법적 지위가 있었어. 그가 속한 정부의 전권(全權), 왕이 부여한 공식 사략(私掠) 허가증Kaperbrief을 가지고 있었지. 자기 배에 그 나라의 깃발을 매달 수도 있었어. 이에 반해 해적은 법적 허가 없이 항해를 했지. 해적에게는 검은 해적 깃발만 허용되었어. 하지만 이론적으로는 이렇게 분명하고 품격 있게 구분되지만, 사실상 이 구분은 모호해졌단다. 사략선들은 종종 허가증에 명기된 제한을 벗어나고 타국 선박 나포 면허장을 가지고 항해했으며 때로는 존재하지도 않는 정부의 허가증으로 무장하고 있었어.

그런데 보다 본질적인 것은 이런 법적 질문이 아니야.

이들 로셸레Rochellois, 제고이젠과 버커니어에게는 단 하나
의 정치적인 적이 있었는바, 가톨릭 세계 권력 스페인이 그
것이었어. 이들은 가톨릭 선박만 나포했는데, 적어도 원칙
적으로 그 임무에 대한 신념을 가지고 신이 내린 축복이라
여겼기 때문에 충실하게 이행한 거야. 따라서 이들은 당시
세계 가톨릭주의에 맞서는 세계 프로테스탄티즘이라는 측
면에서 세계사적 전선에 서 있었던 거지. 물론 그렇다고 해
서 이들이 저지른 학살과 방화, 약탈을 정당화할 수는 없겠
지. 어쨌든 이들은 전환기라는 상황 속에서 어떤 위치를 차
지하였으며, 그와 더불어 나름의 역사적 의미와 지위를 지
니고 있었다는 거야.

## 08

이 시기 영국의 군주들—엘리자베스 여왕도, 스튜어트 가의 제임스와 찰스 왕도—이나 재상들은 동시대 대부분의 사람들과 특별히 다른 세계사적 의식을 갖고 있지 않았어. 그들은 나름의 정책을 펼치면서 주어진 장점을 활용하고 이득을 취하면서 확보된 입지를 유지하려고 애썼지. 법Recht이 자신의 편일 때마다 법을 적용하였고, 법이 적들에게 호의적일 때마다 그 부당함Unrecht에 대해 분개하며 항의하였지. 이것은 아주 자연스러운 일이야. 그들의 신이라든가 세계, 법에 대한 생각과 당시 꿈틀거리고 있던 세계사적 발전에 대한 의식은 토마스 모루스Thomas Morus*나 토마스 울지Kardinal Wolsey 추기경 혹은 프랜시스 베이컨Francis Bacon 같은 뛰어난 재능을 가진 인물들도 당시 다른 유럽 국가 대부분의 재상이나 외교관, 고도의 정책에 참여했던 인물들에 비해 특별히 더 근대적이지도 않았어.

물론 엘리자베스 여왕은 영국의 대양 지배를 정초지은 위대한 인물로 여겨지고 또 그럴 만도 했어. 가톨릭 세계 권력 스페인에 맞서는 적대적 방향으로 착수한 게 그녀였거든. 1588년 영국해협에서 스페인의 무적함대 아르마다가 격퇴된 것도 그녀의 집권 시기였지. 그녀는 프랭크 드레이크, 월터 롤리 같은 대양의 영웅들을 존중하고 그들의 활동을 장

---

* 『유토피아』를 쓴 토마스 모어의 라틴어 표기법.

려했어. 나중에 인도 전체를 영국 정부에 넘겨주게 될 동인 도회사가 1600년에 무역 특혜를 얻은 것도 그녀에게서였 지. 그녀가 통치하던 45년 간(1558년에서 1603년까지) 영 국은 이전에는 한번도 없던 부자 나라가 되었어. 그전까지 양을 치며 살던 영국인들은 플랑드르Flanders*에 양모를 팔 아왔는데 이제는 모든 바다에서 영국의 사략선원들과 해적 들이 약탈한 전설적인 노획물들이 영국의 섬으로 쏟아져 들 어왔어. 여왕은 기뻐하며 거기서 큰 부를 얻었지. 이 점에서 엘리자베스 1세the Virgin Queen는 그 시대의 많은 무일푼의 사람들과 귀족들, 일반 평민들과 다름없이 행동한 거야. 그 들 모두가 이 거대한 노획물 사업의 동업자였던 것이지. 수 백, 아니, 수천 명의 영국인들이 당시 "사략선-자본가corsais capitalists"가 되었지. 이것도 우리가 여기서 말하고 있는 주 제인 땅에서 바다로의 원소적 전환에 속한단다.

초기 황금시대의 약탈 자본주의의 대표적인 사례는 콘 월Cornwall 주의 킬리그류Killigrew 집안이야. 많은 양의 공식 기록과 공식 용어 및 당대에 지나치게 종속적인 여러 편찬 집들보다 오히려 이들의 삶의 방식과 세계관이 우리에게 당 시의 지배계층과 진짜 '엘리트'에 대해 더 많은 것을 이야기 해주며 더욱 충실한 묘사를 제공해주고 있어. 킬리그류 집

---

*벨기에, 네덜란드 남부, 프랑스 북부에 걸친 중세의 나라.

안 사람들은 당시 대부분의 외교관, 법관, 계관 시인들과는
다른 방식으로 시대의 특징을 반영하고 있어. 하지만 이들
중에는 명성있는 지식인들도 있고, 오늘날 영국인명사전에
도 킬리그류라는 이름이 10회 이상 등재되어 있다는 사실
을 우리는 잊어서는 안 된단다. 무척이나 흥미로운 이 엘리
트들에게 잠시 눈을 돌려보자꾸나.

　킬리그류 집안의 본가는 콘월 주의 아르위낙Arwenack
이야. 엘리자베스 여왕의 통치 시절 가계의 수장은 존 킬리
그류John Killigrew 경으로, 그는 펜더니스 성Pendennis Castle의
세습 왕립 총독이자 콘월의 해군 중장이었지. 그는 여왕의
국무장관이자 훗날 벌리 경Lord Burghley이라는 작위를 받은

팰머스에 세워진 킬리그류 기념탑과 아트갤러리, 작가 미상(19세기), 사진.

윌리엄 세실William Cecil과 긴밀한 협조하에 일을 하고 있었어. 이 해군 중장 겸 총독의 아버지와 삼촌은 해적이었는데, 믿을만한 역사적 전언에 따르면, 그의 모친 역시 해적질 때문에 법적 마찰을 겪었다는구나. 이 가계의 일부는 영국 해안에서, 다른 일부는 아일랜드에서 왕성한 활동을 한 반면, 여러 무일푼의 사촌들과 더 먼 친척들은 데번Devon 과 도싯Dorset 해안에서 계략을 펼쳤어. 온갖 부류의 친구들과 공모자들이 여기에 가세했지. 이들은 함께 기습 공격과 약탈 계획 등을 세우고, 배를 약탈하기 위해 샅샅이 뒤졌어. 이들은 노획물 분배를 관장하며, 노획물은 물론 직위와 관직도 매매했지. 팰머스Falmouth 항의 비바람이 들이치지 않는 곳 중 하나로 해안과 곧장 면해 있는 아르위낙의 킬리그류 저택에는 바다로 통하는 비밀 통로가 연결되어 있었단다. 근처에 있는 유일한 건물은 앞서 언급한 펜더니스 성으로, 왕립 총독 관저였어. 100개의 대포로 무장한 그 건물은 유사시 해적들에게 도피처를 제공했지. 킬리그류 부인The noble Lady Killigrew은 이전에는 자기 아버지인 존경받는 "신사 해적entleman pirate"을 도왔고, 이후에는 그녀가 자랑스러워하는 남편의 열성적인 동료가 되었어. 그녀는 집에 해적들의 숙소를 마련하고 손님을 환대하는 안주인이었어. 근처 모든 항구에 [해적들을 위한] 숙소와 은신처가 마련되어 있었지.

킬리그류 집안이 벌이는 일은 당국에 의해 방해받거나 제재를 받은 적이 거의 없었어. 단 한 차례, 1582년에 실패한 일이 있었는데 그에 대해 짧게 이야기해줄게. 스페인 선주(船主) 두 명이 소유한 한자동맹의 144톤짜리 배가 폭풍 때문에 팰머스 항에 조난되었어. 당시 영국은 스페인과 평화조약을 맺은 상태였기에 그 배에 탄 스페인인들은 별 생각 없이 그 항에, 그것도 아르위낙에 있는 킬리그류 저택 바로 앞에 배를 정박했지. 그것을 창문으로 본 킬리그류 부인은 그 배가 아주 값비싼 네덜란드산 직물을 가득 싣고 있다

「킬리그류 부인」,
홀라르Wenceslas Hollar, 에칭
판화, 1652.

는 걸 한눈에 알아차렸지. 1582년 1월 7일 밤 킬리그류 가의 하인들이—킬리그류 부인을 선두로—그 불운한 배를 습격해 선원들의 목을 베고 시신을 바다로 던져버리고는 값비싼 네덜란드 직물과 노획물들을 갖고 아르위낙으로 되돌아왔어. 배는 수수께끼 같은 경로를 거쳐 아일랜드 해(海)로 사라져버렸지. 배의 선주인 두 명의 스페인 사람은 공격당할 당시 다행히 배에 타고 있지 않았어. 육지에 있는 작은 호텔에 묵었기 때문이야. 그들은 콘월에 있는 관할법원에 고소장을 제출했어. 법원은 몇 가지 조사를 마친 후 배가 정체불명의 사람들에게 도난당했지만, 그 이상의 정황은 오리무중이라는 판결을 내렸지. 그런데 이 두 명의 스페인인들이 고위직에 있는 정치적 인맥을 이용해 런던에서 이 사건에 뜨거운 관심을 끌게 할 수 있었고, 그로 인해 조사가 다시 시작되었어. 킬리그류 부인과 공범들은 다른 관할법원에 출석하도록 조치되었지. 그녀는 유죄판결을 받고 사형이 선고되었어. 조수 두 명은 처형되었지만, 그녀는 마지막 순간 사면을 받았지.

　이것이 킬리그류 부인에 대한 거짓 없는 이야기란다. 엘리자베스 여왕 통치 14년 차에도 대부분의 영국 선박들은 약탈과 불법 거래에 적극적으로 참여하고 있었고, 합법적인 거래로 유통된 양은 전체적으로 5만 톤이 넘지 않았어. 킬

리그류 집안은 위대한 대양 약탈시대Seeräuberzeit의 국내전
선(戰線)Heimatfront*을 구현한 대표적인 사례야. 13세기부터
전해 내려온 영국의 예언이 실현되는 것을 목격하는 시대였
지. "사자의 새끼들이 대양의 물고기로 변하게 될 것"이라는
예언 말이야. 중세 말 무렵, 사자의 새끼들은 대부분 양을 쳤
고 거기서 나온 양털은 플랑드르 지방에서 직물로 가공되었
어. 16세기와 17세기에 와서야 이 양치기 민족은 사략선의
대양 주름잡이 민족, "대양의 자식들"로 변신하게 된 거야.

---

*영어로 home front. 전시에 국내에 남아 군대를 적극적으로 지원하는 체
제, 혹은 사람들.

## 09

영국인들의 해양 항해의 성과는 상대적으로 늦게 그리고 천천히 자리 잡게 돼. 대부분은 해안을 따라서이긴 하지만 포르투갈인들은 이미 백여 년 전부터 어쨌든 세계를 향해 항해하고 있었고, 1492년부터는 스페인인들이 '위대한 정복 Conquista'*, 아메리카 대륙의 점령과 더불어 그 뒤를 이었지.

프랑스의 대양 항해자들, 위그노와 영국인들은 재빨리 그를 따라잡았어. 그렇지만 영국은 1553년이 되어서야 모스크바 대공국회사Muscovy Company**의 설립과 더불어 비로소 해외 (海外)정책überseeische Politik을 시작하고, 그를 통해 다른 식민지 세계 권력들과 어느 정도 어깨를 견줄 수 있게 돼. 영국인들이 적도를 횡단한 것은, 앞에서 언급했듯이 1570년이 지나서였어. 영국의 새로운 세계관을 증명하는 최초의 실질적 문서는 1589년에 출간된 해클루트Richard Hakluyt의 책『항해의 원리Principal Navigations』야. 고래잡이와 조선 분야에서는 다른 모든 민족들에게 그런 것처럼 네덜란드인들이 영국인들의 스승이었어.

그럼에도 결국 다른 이들을 다 따라잡아서 모든 경쟁자들을 격파하고 해양 지배 위에 기초한 세계의 패권을 확보한 건 영국인들이었어. 영국이 상속자Erbe가 된 거지. 모든 유럽 민족의 위대한 대양 사냥꾼, 범선 항해자, 개척자, 발견자의

---

*콘키스타도르(Conquistadōr, 스페인어로 '정복자'란 뜻)는 특히 15세기부터 17세기에 걸쳐 아메리카 대륙에 침입한 스페인인들을 이르는 말이다.
**주식을 발행하는 법인의 성격을 지닌 최초의 회사. 정부로부터 '무역에 관한 특허권'을 부여받았기에 '수탁회사Chartered Company'라 불리었다. 이 회사는 여왕 메리 1세로부터 러시아 무역독점의 특허권을 획득한 후 6천 파운드의 자본금으로 세 척의 상선과 기타 상품을 구입하여 설립되었다. 1917년 러시아혁명이 발발할 때까지 존속되었으나 이후 러시아에 자선단체로 편입되었다.

유산을 상속받은 건 영국이었던 거야. 독일, 네덜란드, 노르웨이와 덴마크의 항해자들이 축적한 해상의 성과와 과감한 항해가 어느 날 땅에 대한 영국의 대양 지배Seeherrschaft über die Erde가 되어버린 것이지. 물론 다른 유럽 민족들의 거대한 식민지 제국들도 계속 존재하기는 했어. 포르투갈과 스페인은 광대한 해외überseeische 영토를 가지고 있었으니까. 하지만 그들은 바다와 연결로들에 대한 지배권을 상실했어. 1655년 크롬웰Oliver Cromwell의 군대가 자메이카를 점령하고 지켜냈을 때, 영국의 세계 해양에 대한 전반적인 정책과 스페인에 대한 해외에서의überseeische 승리가 암묵적으로 확인되고 있었던 거야. 1600년경에 해상 권력의 절정에 도달했던 네덜란드는 백 년 후인 1700년경에는 강력하게 "육지화verlandet" 되지. 프랑스의 루이 14세에 맞서 스스로 지켜낼 수밖에 없었고, 그래서 강력한 땅 방어 시설을 세워야만 했거든. 1689년, 그들의 총독인 오라네 공Oranien* 윌리엄 3세는 동시에 영국의 왕이 되었지. 그해에 섬으로 이주한 그는 독자적인 네덜란드 정책 대신 영국의 정책을 펼쳤어. 반면 프랑스는 위그노 프로테스탄티즘과 연관된 강력한 해상력을 수행하지 않았어. 정신적 전통에 따라 결국 로마의 노선을 따랐던 프랑스가 1572년 바르톨로메오 축일의 학살**

---

*현 네덜란드 왕위 계승자의 칭호.

과 하인리히 4세의 가톨릭 개종과 더불어 위그노에 반대하고 가톨릭을 선택했을 때, 최종적으로 바다에 반대하고 땅을 향해 결단을 내렸던 거야. 물론 프랑스의 해상적 잠재력은 상당히 남아 있었고, 이미 보았듯이, 심지어 루이 14세의 통치 기간 동안에는 영국 함대와의 대결이 가능한 정도였어. 하지만 1672년 프랑스의 왕이 뛰어난 재무장관이자 해양장관인 콜베르를 해임하고 난 뒤, 땅을 향한 결단은 더 이상 돌이킬 수 없게 되었지. 18세기의 기나긴 식민지 전쟁은 그를 확증했을 뿐이야. 독일의 몫은 종교전쟁과 제국의 정치적 비참함 속에서 상실되어 버렸고.

이렇게 해서 영국이 상속자, 유럽 국가들의 존재에 큰 변화를 가져온 보편상속자Universalerbe가 된 거란다. 어떻게 이것이 가능했을까? 이는 이전의 해양 패권의 역사적 사례들, 즉 아테네나 카르타고, 로마, 비잔티움 또는 베네치아와 비교한다고 해서 확실히 설명될 수 있는 게 아니야. 영국의 경우는 그 자체로 고유하기 때문이지. 그것의 특이성,

**성 바르톨로메오 축일 학살(프랑스어: Massacre de la Saint-Barthélemy) 은 기독교의 역사상 1572년 8월 24일부터 10월까지 있었던 로마 가톨릭교회 추종자에 의한 개신교 신도들을 학살한 사건을 가리킨다. 학살이 시작된 후 6일 만에 3000여 명이 목숨을 잃었다. 그러나 이 숫자는 그 후의 대대적 종교적 학살의 서막에 불과했다. 모든 위그노가 살육의 대상이 된 후에는 국왕의 살육 중단 명령이 내려졌음에도 불구하고 살육은 지방으로까지 확산되었다. 이렇게 1개월여에 걸쳐 수천 명, 많게는 수만 명이 살육당한 것으로 전해진다.

그것의 비교 불가능성은 영국이 이전 시기 대양 권력들과는 전혀 다른 역사적 순간에, 전혀 다른 방식으로 원소적 변형 elementare Wandlung을 겪었다는 사실과 관계가 있어. 영국은 자신의 실존을 진정으로 바다 쪽으로 돌렸고 그것을 바다 원소의 중심에 놓았어. 이를 통해 영국은 수많은 해전과 전쟁에서 이겼을 뿐 아니라 뭔가 훨씬 더 다른 것, 바로 혁명을 성취할 수 있었어. 전 지구적planetarische 차원에서의 공간혁명이 그것이야.

# IO

여기서 말하는 공간혁명이라는 게 무엇일까?

인간은 자신의 "공간"에 대한 명확한 의식을 가지고 있는데, 그 의식은 거대한 역사적 변화들에 종속되어 있지. 수많은 존재형식에 상응하는 만큼이나 다양한 공간들이 있어. 같은 시대 속에서도 일상적인 삶의 실천들을 위한 각자의 환경세계는 이미 그들의 다양한 직업에 따라 서로 다르게 규정되지. 대도시에 사는 사람은 농부와는 다른 세계상을 가지고 있고, 고래 사냥꾼은 오페라 가수와는 다른 삶의 공간을 가지며, 비행기 조종사에게 세계와 삶은 다르게 보일 뿐 아니라 차원과 깊이, 지평도 다를 수밖에 없지. 그러니 서로 다른 민족들, 나아가 인류의 역사에서 서로 다른 시대에 공간에 대한 표상의 차이는 그만큼 더 깊고 클 수밖에 없지 않겠니.

공간에 대한 학문적 이론은 우리에게 실제로 매우 많은 것을 말하면서도 동시에 별 도움을 주지 못하기도 한단다. 지구가 둥글다고 여겼던 소수의 학자들은 수백 년 동안 정신병자 아니면 해를 끼치는 자로 간주되었지. 근세에 들어 학문이 점점 전문화되면서 각 분야에 걸맞은 공간 개념들이 발표되어 왔어. 그 결과 기하학, 물리학, 심리학, 생물학은 서로 분리된 채 독자적인 자신들만의 길을 가고 있어. 네가 학자들에게 물어보면 그들은 이렇게 대답할 거야. 수학적 공간은 전자기장(電磁氣場)의 공간과 완전히 다르고, 전자기장은 또 심리학적 의미의 공간, 생물학적 의미의 공간과도 전혀 다르다고. 이런 식으로 존재하는 대여섯 가지의 공간 개념들이 있어. 이들 사이에는 어떤 통일성도 없어. 그런 이유로 서로 다른 개념들이 서로 연관도 없이 병존하다 보니 파편화되고 분산되어버릴 위험이 있지. 19세기의 철학과 인식론도 이에 대해 어떤 통합적이고 간명한 답을 주지 못하면서 우리를 이 곤경 속에 빠뜨려두고 있는 상황이란다.

하지만 크리스토퍼 콜럼버스와 코페르니쿠스Nicolaus Copernicus가 그랬던 것처럼, 역사를 구축한 힘Kräfte과 권력 Mächte은 학문을 기다리지 않는단다. 역사적 힘들이 새로운 자극을 야기할 때마다 새로운 에너지의 파동은 인간 의식의 시야에 새로운 땅과 새로운 바다를 가져오고, 역사적 실존 공간들은 그에 상응하는 변화를 겪는단다. 그런 이유로 새로운 척도가, 정치적-역사적 행위의 새로운 차원이, 새로운 학문과 새로운 질서가 동시에 나타나지. 즉, 새로 탄생한 아니 재탄생한 민족의 새로운 삶이 생겨나는 것이란다. 이러한 전환은 너무도 엄청나고 갑작스러워서 인간의 관점과 척도, 준거뿐 아니라 공간 개념의 내용 자체를 변화시키기도 하지. 이런 맥락에서 우리는 공간혁명을 말할 수 있는 거야. 실제로 모든 중요한 역사적 변화는 대개의 경우 새로운 공간 인식을 의미해. 정치, 경제, 문화의 지구적 변화의 진정한 핵심이 그 안에 놓여 있어.

세 가지 역사적 사례가 이 일반적인 현상을 분명하게 해줄 거야. 알렉산더 대제의 정복이 끼친 영향, 1세기의 로마 제국, 그리고 유럽의 발전에 십자군전쟁이 끼친 영향이 그것이란다.

# II

알렉산더 대제의 정복 과정에서 그리스인들에게는 강대하고 새로운 공간의 지평이 열렸어. 헬레니즘 문화와 예술이 그 결과지. 이러한 공간 전환 시대를 살았던 위대한 철학자 아리스토텔레스는 인간이 사는 동쪽과 서쪽의 세계가 점점 서로를 향해 가까워지고 있다는 것을 보았어. 그보다 조금 뒤의 시대를 살았던 사모스의 아리스타르쿠스Aristarch von Samos(기원전 310~230)는 태양이 항성(恒星)이고 지구 궤도의 중심에 자리잡고 있다는 가설을 주장했어. 알렉산더 대왕이 나일 강 변에 세운 도시 알렉산드리아는 기술, 수학, 물리학 분야에서 놀랄만한 발견과 발명의 중심지가 되었지. 유클리드 기하학의 창시자인 유클리드Euclid가 거기서 가르쳤고, 헤론Heron이 정말 놀라운 기술적 발명품들을 만들었어. 거대한 전쟁 무기를 발명하고 자연과학의 법칙을 발견했던 시라쿠사의 아르키메데스Archimedes von Syracuse도 여기서 가르쳤으며, 알렉산드리아의 도서관 관장인 에라토스테네스Eratosthenes(기원전 275~195)는 적도를 정확히 계산하고 지구가 둥글다는 것을 과학적으로 증명했지. 코페르

니쿠스의 학설을 예견했던 거야. 그렇지만 이런 헬레니즘
의 세계도 전 지구적 공간혁명을 자체적으로 열어젖힐 정
도로 충분히 포괄적이지는 못했단다. 헬레니즘 세계는 세
계의 해양을 그들의 실존적 현실 속에 포괄하지 못했기 때
문에, 이 세계의 지식은 학자 집단의 관심으로 남아 있었지.

3백 년 후 카이사르Gaius Julius Caesar가 갈리아와 영국을
정복하기 위해 로마를 떠났을 때 사람들의 눈은 비로소 북
서쪽을 향해 열리고 대서양에 가까이 다다르게 되지. 이것
이 오늘날 "유럽"이라 불리는 공간의 실재(實在)를 향한 첫
번째 발걸음이었어. 로마 제국 1세기, 특히 네로 황제 치하
에서 깊은 차원에서 전환에 대한 의식이 강력하고도 광대하
게 자리 잡게 되어, 적어도 지도적 인물들Geistern에게서 공
간의 혁명적 변화를 말할 수 있게 되지. 우리의 시간 계산으
로 첫 번째 세기에 해당되는 이 역사적 순간은, 이런 이유로
더 자세히 고찰할 필요가 있단다. 시야가 동쪽과 서쪽으로,
북쪽과 남쪽으로 확장된 거야. 정복 전쟁과 내전이 스페인
에서 페르시아까지, 영국에서 이집트까지 공간을 뒤집어엎
었지. 멀리 떨어져 있던 지역과 사람들이 서로 접촉할 수 있
게 되어 공동의 정치적 운명이라는 통일성을 실감하게 되었
고. 제국 내의 어떤 지역으로부터든지, 게르마니아Germania*
는 물론 시리아, 아프리카 혹은 일리리아Illyrien**든 어디서

든 병사들에 의해 추대된 장군은 로마 황제imperator*** 자리에 오를 수 있었지. 코린토Korinth****의 지협(地峽)이 뚫려 남쪽에서부터 배를 타고 아라비아를 주행하게 되었어. 네로 황제는 나일 강의 수원을 향해 원정대를 파견했어. 아그리파*****의 세계지도와 스트라본******의 지리학이 이러한 공간 확장의 증거인 셈이야. 그때부터 지구가 구슬처럼 둥근 모양을 하고 있다는 사실이 몇몇 천문학자나 수학자들만의 지식이 아니게 되었지.

*유럽 중부, 도나우 강의 북쪽, 라인 강 동쪽에서 비슬라 강까지의 지역으로서, 로마인에게 정복되지 않은 게르만인 거주지를 가리킨다.

**아드리아 해의 동쪽, 오늘날 발칸 반도의 서쪽 지방을 말한다. 로마의 급성장으로 기원전 167년 발칸 반도 전역이 로마의 지배하로 들어가면서 일리리아인들도 로마의 지배를 받게 되었다.

***고대 로마 특히 공화정 시대의 로마군 최고 사령관, 장군의 칭호 또는 로마 제국의 황제 또는 황제권(왕권)을 가진 자의 칭호이다. 흔히 로마 제국의「황제」라는 의미로 사용되었는데, 그 이유는 임페라토르가 나중에 갈수록 군사의 통치권을 갖게 되었기 때문이다.

****그리스 남부 펠로폰네소스 반도의 북쪽에 있는 도시. 기원전 17세기~16세기경 고대 도시 국가로 아테네 · 스파르타 등과 함께 발달하였다.

*****Marcus Vipsanius Agrippa: BC 62~BC 12. 로마 제국의 장군 · 정치가. 아우구스투스의 정계 진출을 도왔으며, 그의 군사적 · 외교적 성공에 크게 공헌했다. 수도 · 욕장 · 판테온(원형신전) 등을 신설하고 로마 제국을 측량하고 지리서를 저작하여 세계지도 작성의 기초를 닦았다.

******Strabon: ?B.C. 64~?A.D. 23. 고대 그리스의 철학자 겸 자연학자로 지리학의 아버지로 불린다. 지중해 연안의 각지를 여행하여 얻은 지식과 자료를 정리하여 『지리지Ge graphie』를 썼다. 이 책은 단순한 지리서가 아닌 유럽, 아시아, 아프리카의 전설 및 정치적 사건, 중심도시, 주요인물 등을 수록하여 인문 · 사회 지리서로서 해당 시기의 중요한 기록으로 여겨진다. 그는 지구가 구형이며 우주의 중심에 고정되어 있다고 생각했다.

　이 시기 유명한 철학자로 네로 황제의 스승이자 교육자였다가 결국 그의 희생자가 되는 세네카Lücius Annaeus Seneca는 당시에 경험한 전 지구적이라고 말할 수 있을 만한 감정을 균형 잡힌 구절과 문장으로 써놓았단다. 그는 매우 분명하게 이렇게 말했지. 스페인 최외각 해안에서 출발해 서쪽으로 향하는 항로로 동쪽에 있는 인도에 도달하려면, 그리 많지 않은 며칠 동안 뒤에서 불어오는 바람, 그러니까 동쪽에서 오는 바람을 받아 나아가면 된다고.* 비극『메데아Medea』에서 그는 아름다운 시구로 주목할 만한 예언을 했단다.

뜨거운 인도와 차가운 아라스 강Araxes이 서로 만난다.
페르시아가 엘베와 라인 강의 물을 마신다.
테티스Thethis †가 새로운 세계들novos orbes의 장막을
걷어낼 것이다.
툴레Thule**가 더 이상 지구의 경계이지 않을 것이다.

*『자연의 의문들Naturales quaestiones』에 나오는 구절이다.
**가장 북쪽 땅에 있는 거주 공간이라 고대 지리학자들이 믿은 곳. 영국 스코틀랜드 북쪽에 있는 셰틀랜드제도 · 아이슬란드 · 노르웨이 등을 가리키는 고대 그리스 · 로마어 이름이다.

† 여기서는 아킬레스의 모친 테티스가 바다의 여신으로 등장하는데, 다른 버전에는 '티피스Tiphys'가 나오기도 한다. [그리스 신화에 따르면] 그는 아르고Argo 선의 조타수였는데, 아르고 선원들Argonauten은 이 배를 타고 황금 보물을 약탈하기 위해 흑해로 나아갔다.

　　내가 이 시를 인용한 이유는, 1세기에 생생하게 살아 있던 광대한 공간 감정을 잘 전달하고 있기 때문이야. 우리의 시간 계산Zeitrechnung의 출발은 시간의 충만Fülle에 대한 의식뿐만 아니라, 전 지구적 지평과 가득 찬erfüllten 지구 공간이라는 의식과도 결합되어 있던 명실상부한 시간의 전환Zeitenwende이었어. 세네카의 말들은 현시대와 위대한 발견의 시대를 잇는 비밀스런 다리였어. 그의 말은 수백 년 동안 중세 유럽의 공간의 암흑화와 육지화Verlandung를 가로질러 왔어. 그의 말은 사유하는 사람들에게 지구적으로 확장된 광대한 공간에 대한 감정을 전해주었고, 그것은 아메리카 대륙을 발견하는 데 도움을 줬어. 동시대 많은 사람들처럼 크리스토퍼 콜럼버스는 세네카의 말을 잘 알고 있었고, 그 말에서, 새로운 세계로의 항해, 즉 서쪽으로 항해하여 동쪽에 도달하는, 그리고 결국 실제로 도달했던 대담한 탐험에 착수하는 데 필요한 자극과 용기를 얻을 수 있었어. 세네카가 사용한 "새로운 세계novus orvis"라는 표현이 1492년 발견된 아메리카 대륙에 곧바로 적용되었던 것도 이 때문이야.

　　로마 제국의 멸망, 이슬람의 확산, 아랍과 터키의 침략은 수백 년 동안 지속된 유럽의 육지화와 공간의 수축화를 야기했어. 바다로부터의 후퇴, 함대의 부재, 영토 구획Territorialisierung은 초기 중세 시대와 봉건체제의 특징이었어.

500년에서 1100년 사이의 유럽은 봉건적-농경지Landmasse 가 되었고, 그 지배계층인 봉건 영주들은 정신적 문화는 물론 읽는 것과 쓰는 것조차 교회와 성직자들에게 일임하고 있었 지. 이 시기 유명한 왕들과 영웅들은 읽지도 쓰지도 못했어. 읽거나 쓰는 일은 수도승이나 보좌신부Kaplan가 대신했으니 까. 대양 제국에서의 통치자들이라면, 순전히 육지적이고 대 지경제적grundwirtschaftlichen인 땅권력복합체Landmachtkomplex 에서처럼 그렇게 오랫동안 읽지도 쓰지도 못한 채 살아남지 는 못했을 거야. 십자군 원정을 거치며 프랑스, 영국, 독일 의 기사와 상인들이 근동(近東)을 알게 되었지. 북쪽에서는 독일 한자동맹과 튜턴기사단Teutonic knights*이 새로운 지평 을 열었어. 여기서 "중세 시대의 세계 경제"라고 불리는 교 통과 무역 체계가 생성된 것이란다.

공간 확장은 동시에 심대한 문화적 전환이기도 했어. 유 럽 곳곳에서 새로운 정치적 형태가 모습을 드러내지. 프랑 스, 영국, 시칠리아에서는 중앙화된 정부가 출현했는데 그 것은 근대 국가의 도래를 알리는 신호였어. 이탈리아 북부 와 중부는 새로운 도시 문화의 무대였어. 새롭게 신학과와

---

*독일인을 중심으로 북유럽과 동유럽계 게르만족 기사로 구성되어 '독일 기사단'이라고도 불리었다. 정식 명칭은 '게르만인들의 성 마리아 예루살 렘 병원 형제들의 수도회'로, 중세 때 프로이센을 정복해 강력한 국가로 변 모시킨 독일 십자군 단체이다.

법학과를 갖춘 대학들이 전례 없이 설립되고, 로마법의 재
발견은 새로운 교양 계층인 법률가Juristen의 형성을 주도했
으며, 중세 봉건제의 전형이었던 교회 성직자들의 교육 독
점에 종지부를 찍었지. 새로운 고딕 예술인 건축, 조각 및
회화에서는 더욱 강력한 변화의 흐름이 시동을 걸어서 고
대 로마 예술의 정적인 공간을 추월하고 그것을 역동적인
힘의 장으로 대체했어. 고딕 성당의 궁륭(穹窿)은 각 요소들
이 단지 무게로만 서로 균형을 유지하면서 지지하는 구조
야. 로마네스크 구조물의 육중하고 정적인 덩어리들과 비
교했을 때 그것은 완전히 새로운 공간에 대한 감정이지. 고
대의 사원이나 뒤이어 따라올 르네상스 시대의 건축물들과
달리 고딕 양식의 예술은 공간을 변화시키는 고유한 힘과
운동을 표현하고 있는 거야.

# I2

이 같은 역사적 사례들은 얼마든지 더 찾아낼 수 있지만, 우리에게 알려진 모든 역사상 가장 철저한 지구적 관점의 전환과 그것의 결과 앞에서는 모두 빛을 잃을 거야. 그것은 16세기와 17세기, 그러니까 아메리카 대륙의 발견과 범선으로 최초로 세계 일주를 했던 시기에 일어났어. 그때서야 비로소 가장 도전적인 의미에서 새로운 세계가 탄생했던 거

야. 서유럽과 중앙유럽 민족들, 그리고 궁극적으로는 모든 인류의 전반적인 의식이 근본적으로 변하게 되었어. 그것은 진정한 의미에서 처음으로 완벽한 지구적 규모의 공간혁명이었던 거야.

이 공간혁명은 어떤 다른 혁명들과도 비교될 수 없어. 그것은 새로운 대륙과 새로운 대양을 발견한 결과인, 단지 지리적 지평의 양적인 확장이 아니야. 그 혁명은 훨씬 더 큰 반향을 가져왔어. 그것은 고대와 중세의 전통적인 개념을 일소해버렸고 인간의 전반적인 의식과 우리의 행성에 대한 이미지뿐 아니라 우주에 대한 천문학적인 표상도 바꿔버렸지. 역사상 처음으로 인간이 실제 지구Erdball를 마치 공ball처럼 손에 넣을 수 있게 된 거야. 중세의 인간, 심지어 마틴 루터Martin Luther도 지구가 둥글다는 사실은 우스꽝스러운 생각으로 진지하게 받아들여서는 안 될 환상으로 여겼어. 그런데 이제 지구가 구슬 형태를 하고 있다는 게 실체적인 사실, 확고부동한 경험, 논쟁의 여지가 없는 학문적 진실이 된 거야. 이제서야 지금까지 붙박여 있던 지구가 태양의 주위를 움직이게 된 것이지. 그런데 이것도 아직 본격적인, 이제부터 등장하게 될 가장 심대한 공간변화는 아니었단다. 그 공간변화에서 결정적으로 중요한 것은 우주로의 확장, 그리고 끝없이 비어있는 공간에 대한 표상이었어.

지구가 태양 주위를 돈다는 것을 코페르니쿠스가 처음 학문적으로 증명했다는 건 알고 있지? 천체 궤도의 회전에 관한 그의 책『천체의 회전에 관하여De revolutionibus orbium coelestium』는 1543년에 발표되었어. 이 책을 통해 그가 우리의 태양계를 변형시키기는 했지만, 코페르니쿠스는 아직 공간, 그러니까 우주에 경계가 있다고 믿었어. 우주적 의미에서의 세계와 공간 개념 자체는 아직 바뀌지 않았다는 말이지. 그런데 그로부터 수십 년 후 이 경계가 사라져버렸어. 조르다노 부르노*의 철학체계 속에서 지구라는 행성이 태양 주위를 돌고 있는 태양계는 저 끝없는 하늘의 무수한 태양계들 중 하나에 불과해. 갈릴레이Galileo Galilei의 과학적 실험은 그러한 철학적 사유를 수학적으로 증명 가능한 진리로 바꿔 놓았어. 케플러Johannes Kepler는 행성들의 타원궤도를 계산해내었어. 물론 케플러 자신은 행성계들이 어떤 상상

---

*Giordano Bruno: 1548~1600. 이탈리아의 철학자. 17세에 수도사가 되었지만 이단의 혐의를 받아 15년간 방랑의 여행을 계속하다 후에 화형당했다. 그에 의하면 세계는 극미한 아톰의 집합 · 합성이며, 그 세계가 한없이 모여서 우주를 구성하고 있다. 이렇게 우주는 무한의 확산 중에 무수한 만물을 둘러싸고, 만물은 그중에서 끊임없이 집합 · 이산을 반복하고 있으며 생사는 그한 형태에 지나지 않는데 이 우주무한론은 근대 우주관의 선구자로서 브루노의 명성을 높였다. 그는 자연에 능동적 측면과 수동적 측면을 인정하고, 만물은 그로써 생명을 가진다는 범신론을 주장하고, 우주 그 자체에도 동력인으로서의 우주령을 인정함으로써 우주를 거대한 생물로 생각하였다.

가능한 경계도, 어떤 중심점도 없이 움직이는 그런 공간들의 무한성 앞에서 전율해야 했지만 말이야. 뉴턴Isaac Newton의 학설을 통해 이 새로운 공간 표상이 비로소 계몽된 유럽 전체에 확실히 자리를 잡게 되지. 물질 덩어리인 별들이 무한한 공간 속에서 중력의 법칙 덕에 인력과 척력이 서로 균형을 유지하면서 움직이고 있다는 사실이.

이러한 과정을 거쳐서 오늘날 사람들은 비어있는 공간을 떠올릴 수 있게 되었어. 그 이전에 일부 철학자들이 "비어있음Leere"에 대해 이야기한 바는 있어도, 비어있는 공간을 떠올린다는 건 있을 수 없었던 일이란다. 이전에 사람들은 비어있음에 대한 공포, 소위 '호로 바쿠이horror vacui'*를 가지고 있었기 때문이야. 그런데, 놀랍게도, 이제 그 공포를 망각하기 시작했고 자신과 자신의 세계가 그 빈 공간 속에 존재하고 있다는 생각에 적응한 거야. 볼테르Voltaire를 위시로 하는 18세기 계몽주의 시대의 작가들은 심지어 무한하게 비어있는 공간 안에 세계가 놓여 있다는, 과학적으로 입증할 수 있는 바로 그 생각에 대해 자부심을 가지기도 했어. 진짜로 텅 빈 공간을 직접 떠올려보려무나. 공기가 없는 luftleeren 공간뿐만이 아니라 최소한의 미세한 물질도, 감지

---

*인간이 자신 앞에 펼쳐진 공백에 대하여 품는 공포감으로 '공간 공포'. '공간 외포'라고 한다. '빈 데는 존재하지 않는다'는 뜻을 지닌 라틴어 옛 말 '네쿠아쿠암 바쿰Nequaquam vacuum'과 같은 의미로 쓰인다.

하기 어려운 물질도 없이 비어있는 그런 공간을 말이야! 너의 상상 속에서 공간과 물질을 서로 구분한 후, 그 둘을 서로 분리시켜 물질이 없는 공간을 떠올려 봐! 그러면 절대적인 무(無)에 대해서도 생각할 수 있을 거야. 계몽주의자들은 [중세인들의] '호로 바쿠이'에 대해 비아냥거렸지. 하지만 이 비어있음에 대한 공포는 죽음의 공허함Leerheit인 무(無)에 대한, 전반적으로 허무주의적 표상과 허무주의 자체에 대한 전율Schauder에 다름 아니었을 거야.

끝없이 비어있는 공간이라는 관념 속에 내포되어 있는 이 변화를 우리가 알고 있던 지구가 지리적으로 확장되어 생겨난 결과라고만 설명할 수는 없어. 이 변화는 너무도 근본적이고 혁명적이라, 신대륙의 발견과 세계 일주 항해가 거꾸로 더 깊은 변화들의 결과이자 드러남이라고 말해야 할지도 몰라. 그 때문에 미지의 섬에 상륙하는 일이 발견의 시대 전체를 불러낼 수 있었던 거야. 물론 그 이전에도 서쪽이나 동쪽 사람들 중에 아메리카 대륙에 상륙했던 사람들이 있었어. 잘 알려졌다시피 바이킹들은 이미 1000년에 그린란드Grönland에서 돌아가는 도중 북아메리카를 발견하였고, 콜럼버스가 보았던 아메리카 인디언들도 어딘가 다른 곳에서 아메리카로 왔던 것이 틀림없어. 하지만 그럼에도 불구하고 아메리카는 그 이전이 아니라 1492년 콜럼버스에

땅과 바다 · 세계사적 고찰

의해 "발견"되었다고 인정받고 있어. "콜럼버스 이전"의 발견은 전 지구적 공간혁명을 야기하지도 않았고, 그 혁명의 과정 중에 있지도 않기 때문이야. 그렇지 않으면 아즈텍 Aztec족들이 멕시코에, 잉카Inca족들이 페루에만 살고 있지만은 않았을 거야. 어느 맑은 날에 어쩌면 그들이 손에 지도를 들고 유럽을 찾아왔을지도 모르고, 우리가 그들을 발견한 것이 아니라 그들이 우리를 발견할 수도 있었겠지! 공간혁명이란 미지의 영역에 상륙하는 것보다 더 많은 것을 의미해. 인간 실존의 모든 측면과 모든 수준을 포괄하는 공간의 개념에 대한 전환인 거야. 16세기와 17세기의 강력한 시대적 전환이 이것이 의미하는 바가 무엇인지를 알게 해주지.

100여 년간의 이 전환기에 유럽인들은 모든 창조적인 정신의 영역에서 새로운 공간 개념을 관철시켰어. 르네상스 회화는 중세 고딕 예술의 공간을 없애버렸지. 그때부터 화가들은 사람들과 사물들을 원근법적으로 텅 빈 깊이를 지닌 공간에 배치했어. 사람들과 사물들이 동일한 공간에서 움직이게 되었지. 고딕 회화의 공간과 비교해보면 이는 실로 완전히 다른 세계라고 할 수 있어. 이렇듯 화가들이 다르게 보기 시작했다는 단순한 사실, 그들이 사물을 보는 방식이 달라졌다는 단순한 사실은 우리에게 매우 의미심장한 일이야. 위대한 화가들은 그저 우리의 눈앞에 아름다운 무언가를 배치하는 사람들인 것만은 아니야. 예술 역시 공간에 대한 의식이 진화하는 역사적 단계이고, 진정한 예술가는 인간과 사물들을 다른 사람들보다 더 정확하게 그 시대의 역사적 현실과 관련하여 더 올바르게 보는 사람들인 거야. 이런 새로운 공간은 회화에서만 생겨난 게 아니란다. 르네상스 건축은 고딕 공간과는 별도의 세계인 고전적이고 기하학적인 개념의 건물들을 만들어냈지. 르네상스 시대의 조각은 인간 모양의 입상(立像)들을 공간 속에 자유롭게 세워놓는데, 이는 중세의 조각상들이 기둥과 벽에 "묶여anguliert" 있던 것과는 다른 모습이야. 한편 바로크 건축에서는 역동적인 움직임이 증대하는데, 바로 그런 이유에서 고딕 양식과 여러 면에서 유사점을 갖기는 하지만, 그럼에도 공간혁명을 통해 생겨난, 그로부터 결정적으로 영향받은 새로운 근대적 공간 속에 토대를 두고 있어. 음악은 오래된 음조Tonarten의 제약에서 탈피해 선율과 화음을 소위 음조직tonalen Systems* 이라고 하는 청취공간Hörraum 안에 배치했어. 연극과 오페라는 등장인물들로 하여금 관객석과 막으로 분리되어 있는 무대 공간의 텅 빈 깊이 속에서 움직이게 했지. 이 두 세기 동안의 모든 정신적 흐름들, 즉 르네상스, 인문주의, 종교

---

*음악의 이론적 기초 가운데 주로 음고 측면에 관한 체계로서 음률, 음계, 선법, 조의 모든 것을 포함하는 개념.

개혁, 반종교개혁\*과 바로크는 모두 각자의 방식으로 이 공간혁명의 총체성에 기여했던 거야.

모든 삶의 영역과 존재 형태들, 예술, 과학, 기술 등 모든 종류의 인간 창조력이 이 새로운 공간 개념을 공유하고 있다고 말해도 과언이 아니지. 사실 우리의 행성에 대한 지리적 이미지가 크게 바뀐 것은 "공간혁명"이라는 이 파란만장한 단어가 암시하는 근본적인 변화의 전초적인 측면일 뿐이야. 유럽인들의 합리적 우월성, 유럽의 정신 또는 "서양적 합리주의occidentalen Rationalismus"라고 불려왔던 것들이 그 이후로 줄곧 거역할 수 없이 영향을 미쳤어. 그것은 서유럽과 중부유럽의 국가로 확장되었고 중세적인 인간 공동체 형태들을 파괴했으며 새로운 국가, 함대, 군대를 구축하고 새로운 기계들을 발명해냈으며 비유럽 민족들로 하여금 명령을 따르도록 만들었지. 비유럽 민족들에게는 유럽 문명을 수용할 것인가 아니면 단순히 유럽의 식민지로 전락할 것인가라는 선택이 주어졌어.

---

\*종교개혁으로 인해서 잃어버렸던 세력을 회복하려고 하는 16~17세기 가톨릭 교회 내부의 자기 개혁 운동.

# 13

---

모든 기본적인 질서는 공간의 질서야. 한 나라Land 혹은 한 대륙의 법Verfassung에 대해서 이야기한다는 것은 그것의 근본적인 질서, 즉 노모스✝에 대해서 이야기하고 있다는 말이야. 진정한 본래적인 근본 질서는 그 본질에 있어 특정한 공간적 경계와 구획Abgrenzungen, 특정한 척도와 땅Erde의 특정한 분배를 전제로 한단다. 때문에 모든 위대한 시대의 시

---

✝ 그리스어 명사 Nomos는 그리스어 동사 Nemein에서 왔으며, 세 가지 의미를 갖는다. 첫째, Nemein은 [독일어의] '취득하다Nehmen'와 같다. 따라서 Nomos는 첫째로 취득함Nahme을 의미한다. 그리스어에서, 예를 들어 'Legein-Logos'가 독일어 'Sprechen-Sprache'에 상응하게 변화하듯, 그리스어 'Nemmein-Nomos'도 독일어의 'Nehme-Nahme'에 상응한다. 취득함Nahme은 무엇보다 땅을 취득함Landnahme이며 나중에는 대양을 취득함Seenahme인데, 이에 대해서는 세계사적 고찰에서 더 많이 이야기할 것이다. 산업 분야에서 산업을 취득함Industrienahme이란, 산업 생산수단을 인수함Übernahme을 의미한다. 두 번째, Nemein은 취득한 것을 나누고 분배함Teilen und Verteilen des Genommenen을 의미한다. 이로부터 Nomos는 둘째로 경작지Boden를 나누고 분배함을, 그로부터 연유하는 소유의 질서Eigentumsordnung를 의미한다. 셋째 의미는 방목함Weiden, 다시 말해 나눔으로써 받은 경작지를 경영Bewirtschatung하여 가치를 창출함Verwerung으로, 생산과 소비이다. 취득하다Nehmen – 나누다Teilen – 방목하다Weiden는 이러한 순서로 모든 구체적인 질서의 세 근본개념들이다. 노모스Nomos의 의미에 대해 더 상세한 것은 이 책을 참조하라. 『Der Nomos der Erde』, Köln, 1950.(2판, 베를린, 1974).

작은 광대한 땅의 취득Landnahme과 일치하지. 특히 지구/땅
의 이미지Erdbildes에 있어 모든 의미심장한 변화와 전환은
정치적 변화들과 지구/땅의 새로운 분배, 새로운 땅의 점령
과 불가분의 관계야. 그러니 16~17세기에 있었던 놀랍고
유례없는 공간혁명이 그만큼 놀랍고 유례없는 땅의 취득으
로 이어지는 건 당연하지 않았겠니? 끝없는 것처럼 보이는
새로운 공간이 열리자 그 먼 광활한 지역을 향해 떼 지어 달
려나갔던 유럽 민족들은 그들이 발견한 비-유럽, 비-기독교
나라와 민족들을 주인 없는 자산으로, 유럽에서 온 첫 번째
점유자가 이양하면 되는 것이라고 여겼어. 가톨릭 정복자

들이나 프로테스탄트 정복자들이나 할 것 없이 모두 비기
독교 국가에 기독교 신앙을 전파한다고 들먹였어. 그런 사
명이라면 점령이나 약탈 없이도 시도해 볼 수 있었을 텐데,
그것 말고 다른 구실이나 명분은 존재하지 않았던 거야. 일
부 수도사들, 예를 들어 스페인의 신학자인 프란시스코 데
비토리아*는 「인디오에 대한 강의」(「De Indis」, 1532)에서
각 민족들의 땅Boden에 대한 권리는 그들의 종교적 신앙과
는 무관하다고 주장하면서 놀라울만한 포용력으로 인디오
들의 권리를 옹호하기도 했었지. 그렇지만 유럽인들에 의한
땅 취득의 역사적 현실 전체에는 아무런 영향도 주지 못했

*Francisco de Vitoria: 1483~1546. 로마법에 근원을 갖고 선례를 신화에서
찾는 식으로, 기독교가 정당화할 수 없는 정복행위를 자연법이 할 수 있게
만들었다. 그에 의하면 바다, 해안, 항구는 시민으로서의 생존을 위해 필요
한 것이며 모든 사람에게 공동으로 속하는 것으로 사유 재산에서는 벗어
나 있다. 따라서 그는 어떤 해안이 누구에게 속하든 상관없이 거기에 들어
가는 것은 법의 객관적 권리라고 주장했다. 그것이 서로에게 도움이 되기
때문이라는 것이다. 이런 식으로 여행과 방문, 정착, 교역, 광산 채굴의 보
편적인 권리를 끌어냈다. 그리고 이런 권리가 정중한 요청에도 불구하고
부인될 때는 전쟁을 할 수도 있었다. 어떤 사람의 권리를 지키는 것은 전쟁
의 정당한 사유가 되기 때문이다. 당연히 교역을 막아서는 안 되었다. 서로
도움이 되기 때문이다. 만약 원주민들이 내지 여행을 막고 복음을 전하는
것을 금한다면(그들이 그것을 믿건 말건) 스페인인들은 그들을 정복할 권
리를 갖는다. 또 인간을 희생시키는 제사나 카니발리즘을 강제로 막는 것
도 합법적이다. 또 원주민들의 전쟁에도 요청을 받을 경우 참여할 수 있다.
그러나 이 경우 인디언의 낮은 지성을 고려하면 폭력은 최소화해야 했다.
결국 후대에 무한히 확장될 수 있는 보편적인 원리가 원주민들에 대한 정
복과 착취를 정당화한 것이다.

어. 18세기와 19세기에 오면 기독교 선교라는 명(命)은, 아직 문명화되지 않은 민족들에게 유럽 문명을 전파한다는 명으로 바뀌게 되지. 바로 이러한 정당화Rechtfertigungen로부터 기독교-유럽적 국제법[대륙법]Völkerrecht, 다시 말해 나머지 세계와는 다른 유럽 기독교 민족들의 공동체Gemeinschaft의 법이 생겨나게 돼. 이것이 기독교 민족 국가 간의 질서인 "국가의 가족Familien der Nationen"을 형성하게 되지. 이러한 국제법은 기독교와 비기독교 민족의 구분, 1세기 후에는 (기독교-유럽적 의미에서) 문명화된 민족과 문명화되지 않은 민족의 구분에 근거하고 있어. 이러한 의미에서 문명화되지 않은 민족은 이 국제법 공동체Völkerrechtsgemeinschaft의 일원이 될 수 없었던 거야. 그러한 나라는 국제법의 주체가 아니라 대상으로 여겨졌지. 다시 말하면 그 나라는 식민지 아니면 식민지 보호국Protektorat으로서 문명화된 나라들의 소유물일 뿐이었다는 거야.

그렇다고 "기독교-유럽 나라들의 공동체"를 평화로운 양 떼처럼 생각해서는 안 돼. 그들은 서로 피비린내 나는 전쟁들을 벌였단다. 하지만 그 때문에 기독교-유럽-문명 공동체와 질서라는 역사적 사실을 부인하지는 못해. 세계의 역사는 땅 취득의 역사야. 땅의 취득이 있을 때마다 그들이 서로 협약을 맺기만 했던 것은 아니야. 그들은 매우 자주 서로 대립했고 종종 피를 부르는 형제전쟁Bruderkriege을 치르기도 했어. 그럼에도 불구하고 토착민족들과 낯선 제삼자에 대해서는 공통의 이해관계gemeinsame Sache를 가지지. 내부의 싸움, 형제전쟁, 내전Bürgerkrieg은 너도 알다시피 모든 전쟁들 중 가장 극악무도하지. 이는 땅을 같이 점유했을 때 가장 심해지기 마련이야. 싸워서 빼앗으려는 목표물의 가치가 높을수록 전쟁들도 더 치열해지지. 이것은 신세계neuen Welt 땅의 취득에서 일어났던 일들이야. 16세기 스페인인과 프랑스인들은 수년간 가장 극악한 방식으로 서로를 학살했는데 특히 플로리다에서는 여자도 아이도 가리지 않아. 스페인인과 영국인들은 서로 백 년에 걸쳐 정면으로 부딪쳤는데, 최악의 잔인한 적대감—인간은 서로에 대해 그런 적대감을 지닐 수 있는 존재야deren Menschen untereinander fähig sein können—이 한계에 도달할 정도로 쓰라린 전쟁이었어. 그 전쟁의 와중 그들은 아무 거리낌 없이 비유럽인들, 이슬람교도들 또는 인디언들을 공공연하게 혹은 은밀하게 조력자로 삼거나 어떤 때는 동맹자로 투입하기도 했단다. 적대감의 표출은 끔찍했어. 그들은 서로를 암살자, 도둑놈, 강간범Frauenschänder, 해적이라 부르며 비난했지. 그런데 그들이 서로를 향해서는 하지 않은 단 한 가지 비난이 있었는데 그것은 인디언들에게 퍼부었던 것이었지. 기독교 유럽인들

은 서로를 향해서는 결코 식인종Menschenfresserei이라 부르지
는 않았어. 이를 제외하고는 이 처절하고 치명적인 적대감
의 어휘가 끝도 없었어. 그렇지만 이런 적대감은 유럽인들
이 함께 신세계의 땅을 취득했다는 지배적인 사실 앞에서는
사라지지. 기독교-유럽의 국제법[대륙법], 그 근본 질서의
의미와 핵심은 바로 새로 발견된 땅의 분배에 있었어. 유럽
민족들은 그다지 면밀한 고민 없이 지구 상에 있는 비유럽
인의 땅들을 식민지 땅으로, 다시 말해 점령과 약탈의 대상
으로 바라본다는 점에서는 완전히 의견을 같이하였지. 이건
역사적 발전에 있어 매우 중요한 점이야. 이 시대는 발견의
시대보다는 차라리 유럽의 땅의 취득시대라고 부르는 것이
더 올바를 수도 있을 정도로 말이야. 헤라클레이토스Heraklit
가 이미 그에 대해 말한 바가 있지. 전쟁은 사람들을 결속시
키고führt zusammen 법Recht은 사람들을 다투게한다Streit라고.

# I4

「미국의 역사적 서사, 말뚝 울타리」, 토머스 하트 벤턴, 1919년.

신세계의 분배를 둘러싸고 포르투갈인, 스페인인, 프랑스인, 네덜란드인과 영국인들은 서로 싸움을 벌였어. 이 싸움은 무력으로만 이루어지지는 않았어. 그것은 더 정당해 보이는 법적 근거Rechtstitel를 둘러싼 외교적이고 사법적인 다툼이 기도 했지. 그 단계에서는 토착민들에게 도량이 넓은 존재가 될 수도 있어. 이들은 상륙한 후 땅바닥에 십자가를 박고 나무껍질에 왕의 문장을 새기거나, 바위에 국새를 표시하거나, 나무뿌리 사이에 공문서Urkunde를 집어넣었지. 스페인인들은 원주민 무리를 불러놓고 엄숙한 포고식을 행하는 것을 몹시 즐겼는데, 그 자리에서 이 땅이 카스티야Kastilien 왕조에 속한다고 선언했단다. 이런 상징적인 소유권 주장 Besitzergreifungen만으로도 섬이나 대륙 전체를 법적으로 취득하는 게 가능하다고 여겼던 거야. 포르투갈, 스페인, 프랑스, 네덜란드나 영국의 어떤 정부도 원주민들과 거기서 살아온 사람들이 그 땅에 대해 갖는 권리Rechte 따위는 고려하지 않았어. 이런 방식으로 땅을 취득하려는 유럽 민족들 사이의 싸움은 이와는 또 다른 문제였지. 이 싸움에서 그들은 각자 가지고 있는 모든 법적 근거를 내세웠고, 필요하다고 생각될 때에는 원주민과 원주민 족장과의 계약을 체결할 정도에 이르렀어.

두 가톨릭 권력인 포르투갈과 스페인이 외부로부터 도전받지 않는 한, 로마 교황은 새롭게 취득된 땅에 법적 소유권을 발부하는 정리자Ordner이자 전승국들 사이의 중재자가 될 수 있었어. 1493년, 그러니까 아메리카가 발견되고 채 1

년이 되지 않았을 때 스페인인들은 당시 교황이었던 알렉
산더 6세로 하여금 칙령Edikt을 내리게 했지. 그 칙령을 통
해 교황은 자신의 사도(師徒)적apostolische 권위의 힘으로, 최
근 새로 발견된 서인도 제도를 교회의 세속적 봉토Lehen로
규정하고, 이를 카스티야와 레온León*의 왕, 그리고 그 후계
자들에게 하사했어. 그 칙령에는 아조레스Azoren 제도와 카
보베르데Cape Verde로부터 서쪽 100마일에 대서양을 관통
하는 선이 규정되어 있었지. 이 선 서쪽에서 발견되는 모든
땅은 교황의 봉토로 스페인이 받도록 되어 있었어. 몇 년 후
토르데시야스Tordesillas에서 스페인과 포르투갈은 그 선 동
쪽에서 발견되는 모든 땅들은 포르투갈이 갖는다는 조약을
맺었지. 당시 콜럼버스가 발견했던 것은 기껏해야 몇 개의
섬과 해안에 불과했는데도, 이러한 방식으로 새로운 세계
전체의 방대한 분배가 시작되었던 거야. 이 시기에는 누구
도 지구에 대한 정확한 형상을 갖고 있지 못했건만, 그런데
도 그 광대한 넓이의 지구를 재분배하는 데 어떤 장애물도
없었어. 1493년에 교황이 마련한 분할선이 새로운 근본 질

---

*에스파냐 북부 레온 주의 주도. 6세기 말에는 서고트 왕국의 지배 아래
에 들어갔고, 714년 이슬람교도에 정복되었으며, 9세기에 기독교도에 의
해 재정복이 진행되어 882년 알폰소 3세에 의해 회복되었다. 1020년 알폰
소 5세에 의해 도시의 특권을 부여받아 번영하였다. 1230년 카스티야 왕
국에 병합되었다.

서, 새로운 세계의 노모스를 향한 싸움의 시작이 된 셈이지.

100년이 넘도록 스페인과 포르투갈은 프랑스, 네덜란드, 영국이 제기하는 주장을 반박하기 위해 교황의 수여를 명분으로 내세웠지. 1500년 페드루 알바르스 카브랄*이 발견한 브라질은 어떤 이견도 없이 포르투갈의 땅이 되었는데, 브라질의 튀어나온 부분인 아메리카 서쪽 해안이 후에 분할선이 서쪽으로 이동된 결과 동쪽, 그러니까 포르투갈 영토에 해당되었기 때문이야. 하지만 땅을 정복하려는 다른 권력들은 스페인과 포르투갈이 맺은 협정에 구속받지 않았으며, 게다가 이 두 가톨릭 권력의 땅 취득 독점을 존중해주기에는 교황의 권위가 충분하지 않다고 여겼지. 종교개혁의 시작과 함께 프로테스탄트로 개종한 나라들은 공개적으로 로마 교황의 권위에 이의를 제기했어. 그로부터 새로운 땅의 소유권을 둘러싼 싸움은 종교개혁과 반종교개혁, 스페인의 세계 가톨릭주의와 위그노, 네덜란드, 영국인들의 세계 프로테스탄티즘 사이의 싸움이 되었지.

---

*Pedro Álvares Cabral: 1468~1520. 포르투갈의 항해자이다. 바스쿠 다가마에 이어 1500년 왕명을 받고 인도로 항해하는 도중에 폭풍을 만나 브라질에 표착하였고 이곳을 포르투갈령으로 했다. 인도의 캘리컷에 도착한 후 이슬람계 상인과 사건을 날조하여 포격하고, 인도 서해안의 다른 항구를 경유하여 이듬해 1501년에 귀국했다. 열세 척 중에서 리스본에 귀환한 것은 다섯 척이었다.

# 15

기독교 정복자들은 자신들을 진짜로 위협하는 공통의 적과 마주하지 않았기에, 새로 발견된 땅의 원주민들에 대해 공동의 전선을 형성하지는 않았어. 그보다 더 냉혹하고 더 강력하게 역사적으로 영향을 미친 것은 땅을 취득하려는 기독교 나라들 사이에서 벌어진 종교전쟁, 곧 가톨릭과 프로테스탄티즘 사이의 세계투쟁Weltkampf이었지. 이 명칭과 이 대립 속에서 이 세계투쟁은 종교전쟁처럼 보였고, 실제로 그렇기도 했어. 하지만 그것이 전부는 아니었어. 여기서 드러나는 원소들의 대립과, 견고한 땅의 세계와 자유로운 바다의 세계와의 단절을 동시에 주목해야만 비로소 이 투쟁이 모든 차원에서 명확해진단다.

위대한 시인들이 이 거대한 종교전쟁의 여러 주인공들을 무대에 세웠어. 스페인 왕 펠리페 2세와 그의 적인 영국 여왕 엘리자베스는 여러 극작가들이 즐겨 찾는 이야깃거리가 되었어. 이 둘은 실러Friedrich von Schiller가 쓴 뛰어난 비극들에도 여러 번 등장하는데, 동일한 희곡에서 이 두 사람은 각기 정반대의 상황에 놓여있곤 하지. 물론 이것도 아름답고 감동적인 장면이기는 하지만, 가장 깊은 갈등, 진정한 동지-적의 대립, 궁극적인 원소적 힘들과 그 충돌은 이러한 방식으로는 가시화될 수 없는 법이야. 이 시기 독일에는 무대에 올릴만한 영웅적인 인물들이 없었어. 너무도 평온했던 1550년에서 1618년 사이, 중요한 비극의 영웅이 된 유일한 독일인은 황제 루돌프 2세였지. 아마 이 황제에 대해 들어본 일이 별로 없을 거야. 그가 독일 민족의 역사적 기억에 지금까지 살아있다고도 이야기하기 힘들지. 그럼에도 그의 이름은 이 맥락에서 언급될만한 가치가 있어. 그래서 위대한 독일의 극작가 프란츠 그릴파르처Franz Grillparzer는 자신의 비극 『합스부르크의 혈육다툼Ein Bruderzwist in Habsburg』에서 그를 중심인물로 세웠던 거야. 그릴파르처 비극과 그 주인공의 핵심 문제이자 위대함은 루돌프 2세가 적극적인 영웅이 아니라 저지하는 자Aufhalter, 지체하는 자Verzögerer였다는 거야. 다른 맥락에서 언급한 바 있는 개념인 "카테콘Katechon"적 면모를 그가 가지고 있었다는 거지. 당시 독일의 상황 속에서 루돌프 황제가 행할 수 있었던 것은 무엇일까? 독일 외부의 전선들이 독일과는 아무 상관이 없다는 것을 그가 인식했다는 것만으로도 그는 상당히 많은 것을 행한 것이고, 30년 전쟁을 수십 년이나 저지하고 지체시켰다는 것 자체가 눈부신 업적이었어.

당시 독일의 상황이 갖는 특수성이란, 독일이 이 종교 전쟁에 참여하지 않았고 또 그럴만한 위치도 아니었다는 거야. 물론 독일은 전체 세계를 둘러싸고 있는 가톨릭과 프로테스탄티즘 간의 갈등에서 자유로운 것이 아니었지만, 독일의 내적 대립은 가톨릭과 프로테스탄티즘 간에 계속되고 있는 새로운 땅의 취득과 관련된 대립과는 전적으로 다른 것이었어. 실제로 독일은 마르틴 루터Martin Luther의 고향이자 종교개혁의 발상지였지. 하지만 세계를 정복하려는 세력들 간의 싸움은 가톨릭과 프로테스탄티즘 간의 본래적인 대립을 오래전에 넘어서 버렸어. 더 명확하고 더 심오한 갈등, 즉 예수회와 칼비니즘의 대립이 수면 위로 떠오르면서 독일의 내적 문제들은 떨어져 나간 거야. 그때부터는 동지와 적의 구분이 세계 정치의 축 역할을 하게 되었어.

루터파였던 독일의 제후와 계급들, 그중에서도 제국 최초의 프로테스탄트 제후였던 작센Saxony의 선제후(選帝侯)*는 가톨릭교 황제에게도 최선을 다해 충성했어. 칼비니즘에 자극받아 소위 유니언Union이라는 독일 신교도들의 투쟁 연합이 생기고, 가톨릭교도들이 소위 리가Liga라는 대항전선을 만들었을 때, 작센의 루터교 선제후는 자신이 더이상

---

*중세 독일에서 황제 선거의 자격을 가진 제후(諸侯). 선거후(選擧侯)라고도 한다.

어디에 속해야 할지 몰랐지. 1612년에도 그의 가톨릭 리가 가입을 둘러싼 협상이 벌어졌단다. 칼빈파에 대한 루터파의 증오는 교황주의자에 대한 증오에 못지않았지만, 가톨릭파가 칼빈파에 대해 갖는 증오 역시 만만치 않았어. 훨씬 공격적인aktiveren 칼빈파보다 루터파들이 정부당국Obrigkeit에 더 복종의 원리를 준수한다는 일반적인 사실만으로는 그 증오를 다 설명할 수 없어. 주된 이유는 이 기간 동안 독일이 유럽의 새로운 세계 정복으로부터 밀려나 있었고, 그래서 궁극적으로 외부로부터 서구 정복 세력들 사이의 세계대결 Weltauseinandersetzung 속으로 떠밀리고 있었기 때문이야. 동시에 우리는 터키의 진군이 남동부 측면을 위협하고 있었다는 것을 잊으면 안 된단다. 스페인, 네덜란드, 영국의 예수회파와 칼빈파들은 독일 앞에 독일의 내부 상황과는 아무 상관이 없는 선택지를 내놓았지. 비-예수회이면서 가톨릭이고, 비-칼빈파이면서 루터파인 독일의 일부 제후와 계급들은 자신들과는 내적으로 거리가 먼 이 싸움을 피하려고 노력했어. 하지만 그러기 위해서는 그들 스스로의 의지력과 독자적인 결단이 필요했어. 그것이 부재했기 때문에 결국 사람들이 적절하게도 "중립적-수동적neutropassiv"이라 지칭했던 상황에 빠져들고 말았지. 그 결과 독일은 스스로는 적극적으로 참여하지도 않으면서 완벽하게 낯선, 해외에서 벌어

지는 땅 취득 전쟁의 전장이 되어버렸던 거야. 칼비니즘은
그에게 걸맞은 믿음보다 바다를 향한 원소적 출발elementare
Aufbruch에 더 사로잡혀 있었지. 칼비니즘은 프랑스의 위그
노, 네덜란드의 자유영웅단Freiheitshelden, 영국 청교도들의
신앙이 되었어. 칼비니즘은 브란덴부르크 대제후의 종교적
신념이기도 했는데, 그는 대양 권력과 식민지에 관심을 갖
고 있던 보기 드문 독일 제후들 중 한 명이었지. 스위스나
헝가리와 그 밖의 다른 나라들에 있던 내륙적binnenländischen
칼비니즘 공동체들은 해상 세력 행렬에 합류하지 않았기에,
세계 정치적으로 볼 때 별다른 의미를 갖지 않았어.

　　모든 비-칼빈파가 칼빈주의 신앙에 경악했는데, 인간
이 영원 가운데에서 선택되었다는 강한 믿음, 즉 "예정론
Prädestination" 때문이었어. 현세적으로 말해 예정론의 교리
란, 자기 자신 말고 다른 사람들은 몰락하도록 저주받은 타
락한 세계의 일원이라는 의식을 극단적으로 고양시킨 것에
다름 아니야. 근대 사회학의 언어로 말하자면 그 믿음은,
역사에서 자신들의 서열과 사회적 입지Stunde에 대해 확신
하는 엘리트들의 극단적인 자기의식이지. 간단히 말해, 그
것은 구원받았다는 확실성으로, 이때 구원이란 모든 개념
에 대항해 결단하는 세계 역사 전체의 의미gegen jeden Begriff
entscheidende Sinn aller Weltgeschichte를 갖는 거야. 바로 이러한

확실성을 가슴에 품고서 네덜란드의 고이젠Geusen들은 "땅이 바다가 되면서, 땅이 자유로워질 것이다"라는 찬송가를 부를 수 있었단다.

16세기에 원소적 에너지들이 대양을 향하기 시작했을 때, 그것은 순식간에 세계의 정치와 역사의 영역으로 흘러들어 갈 만큼 그 성과가 엄청난 것이었어. 이 에너지는 그 시대의 정신적 언어에도 등장할 수밖에 없었지. 그 에너지는 더 이상 고래사냥꾼, 범선 항해자와 대양 주름잡이로만 남아있을 수 없었어. 그 에너지들은 정신적 동맹자들, 가장 과감하고도 극단적인 동맹자들을 찾아야 했지. 이전 시기의 신화들을 가장 철저하게 부수었던 이들 말이야. 당시 독일의 루터교Luthertum는 동맹이 될 수 없었어. 루터교가 신앙속지주의Territorialismus*와 보편적인 대륙화Verlandung의 경향을 따랐기 때문이야. 독일에서 한자동맹의 종말과 발트 해에서 독일 권력Ostseemacht의 붕괴가 루터교의 출현과 맞물려있고, 해상 영역에서의 네덜란드의 부상(浮上)과 크롬웰의 강력한 결단이 칼빈교의 도래와 일치한다는 점에서 이 사실이 분명히 드러나지. 우리는 아직도 이를 제대로 의식하지 못하고 있단다. 지금까지 세상에 나온 대부분의 역

*중세 유럽에서 그 영지(領地) 내의 주민의 종교를 결정할 권리가 봉건 영주에게 있다고 한 주의 · 주장. 따라서 그 영내에 있는 자는 모두 영주(領主)가 믿는 종교를 따라야 한다는 사상이다.

사적 고찰들은 아직도 대륙적이고 땅에 연루된 관점에만 머물러 있어. 그 연구들은 시종일관 대륙과 국가 문제, 독일에 관한 한 육지국가적territorialstaatliche인 발전만 염두에 둠으로써, 매우 군소국가적이고 협소한 방식으로만 이루어져 왔어. 하지만 시선을 바다로 돌리기만 해도 우리는 터져 나오는 유럽의 자유로운 해양적 에너지와 정치적 칼비니즘을 결부시키는 만남Zusammentreffen, 혹은 이렇게 불러도 된다면, 세계 역사적인 형제애Brüderschaft를 볼 수 있게 된단다. 이 시기의 종교적 전선(戰線)과 신학적 투쟁 강령들도 그 핵심에 있어서는 원소적 힘들의 대립을 담지하고 있는데, 바로 그 힘들이 역사적 실존을 땅에서 바다로 이동시키는 데 영향을 미쳤던 거야.

# 16

역사적 단계의 땅의 측면에서 야심 찬 방식으로 땅의 취득이 진행되는 동안, 다른 한편에서는 그 못지 않게 중요한 대양의 측면에서 우리가 사는 행성을 새로 분배하는 일의 절반이 완성되었어. 이는 영국의 대양 취득Seenahme을 통해 일어났지. 영국의 대양 취득은 바다의 측면에서 이 세기에 이루어진 유럽 전체의 약진Aufbruch의 결과야. 그를 통해 첫 번째 전 지구적 공간질서의 근본 노선이 결정되었는데, 그 본

질은 땅과 바다를 분리하는 데 있어. 그리하여 육지는 20여 개의 주권국가에 귀속하게 되었어. 반면, 바다는 누구에게도 속하지 않거나 모두의 것으로 여겨졌는데, 실제로는 결국 단 한 국가에 속했지. 바로 영국이야. 육지의 질서는 그 땅이 각 국가의 영토로 나누어져 있다는 사실에서 생겨나. 그에 반해 공해hohe See는 자유로워. 다시 말해 국가로부터 자유롭고, 어떤 국가의 영토주권Gebietshoheit에도 종속되어 있지 않지. 이것이 공간과 결부된raumhaft 근본사실이고, 그로부터 지난 3백 년 동안의 기독교-유럽의 국제법이 발전되어 나왔어. 이것이 이 시대의 근본법칙이었고, 땅의 노모스였어.

영국의 대양 취득, 그리고 바다와 땅의 분리라는 이 근원사실Urtatsache의 견지에서만 자주 인용되는 유명한 문장과 속담들의 참된 의미가 비로소 드러나는 거야. 예를 들어 월터 롤리 경의 "대양을 지배하는 자가 세계의 무역을 지배하고, 세계의 무역을 지배하는 자는 세계의 모든 부를, 사실상 세계 전체를 소유한다"는 말이나 "모든 무역은 세계 무역이다. 즉 모든 세계 무역은 대양 무역이다"라는 말 말이야. 가령 "모든 세계 무역은 자유 거래이다"와 같은 자유에 대한 구호는 영국이 대양 권력과 세계 권력의 정점에 있다는 것을 표현하지. 다 틀린 것은 아니지만, 이 말들의 진위는 특정한 시대와 특정한 세계상황Weltlage과 관련해서 이해되어야만 해. 그렇기에 이 말들을 절대적이고 영원한 진리로 만들려 하면 틀린 것이 되기 마련이야. 땅과 바다의 분열 Zwiespalt은 육전(陸戰)Landkrieg과 해전(海戰)Seekrieg의 대립에서 모습을 드러내지. 사실 육전과 해전은 전략적으로도 또 전술적으로도 원래부터 서로 다른 것이었어. 그런데 이제 이 대립은 서로 다른 두 세계와 서로 대립하는 두 법적 신념의 표현이 되는 거야.

유럽 대륙의 국가들은 16세기 이래 육지전의 특정한 형태들을 생각해 냈는데, 그 근저에는 전쟁이란 한 국가의 다른 국가에 대한 관계라는 생각이 깔려있었어. 전쟁의 쌍방에게는 국가가 조직한 군사력이 있고, 군대는 열린 전장에서 서로 대치하며 격돌하지. 전장에 있는 군대만이 적대에 참여할 수 있어. 비-전투원인 민간인들은 싸움에 관여하지 않고 적대의 바깥에 남아 있는 거야. 전쟁에 참여하지 않는 한 그들은 적이 아니며 적으로 취급받지도 않아. 그에 반해 해전에서는 적의 무역과 경제도 적으로서 다룰 필요가 있다는 생각이 바탕에 깔려있어. 따라서 적은 더이상 무장을 하고 있는 상대뿐 아니라 적국의 모든 거주민들, 나아가 그 적과 무역을 하고 경제적 관계를 맺고 있는 중립국들 모두야. 육지전은 전장에서의 결정적인 교전의 경향을 갖지. 해전에서도 대양 교전Seeschalcht이 일어날 수 있지만 포격이나 적의 해안에 대한 봉쇄, 적과 중립국의 상선들을 전리품 법 Prisenrecht에 따라 포획하는 등의 수단을 선호한다는 게 특징 이야. 전쟁이 싸우는 당사자뿐 아니라 싸우지 않는 자들도 겨냥하고 있다는 데 이 전형적인 해전 수단의 본질이 있지. 특히 식량 봉쇄Hungerblockade는 관련 지역의 모든 사람들에 게 무차별적으로 타격을 주지. 군인이든 민간인이든, 남자 든 여자든, 노인이든 아이든 할 것 없이 말이야.

이것은 단지 국제법 질서상의 두 측면이기만 한 것이 아니라 완전히 서로 다른 두 개의 세계란다. 영국의 대양 취 득 이래로 영국인들과 영국 이념의 궤도에 서 있는 민족들 은 여기에 익숙해졌어. 이들의 세계관에 따르면 땅을 취득 함으로써 지구 전체를 포괄하는 세계 권력을 행사할 수 있 게 될 것이라는 생각은 말도 안 되고, 견디기 힘든 것일 거 야. 땅으로부터 분리된 해상적 실존 위에 세워져 세계를 지 배하는 경우라면 그게 적용되지 않지. 유럽 북서쪽 변방에 자리 잡은 상대적으로 작은 섬이 견고한 땅에서 등을 돌려 대양을 선택함으로써 점차 세계 제국의 중심이 된 거야. 순 전히 해양적 실존 속에서 그 섬은 전 세계에 걸친 세계 지배 를 확립시키는 수단을 찾았던 것이지. 바다로부터 땅의 단 절이 행성의 근본적인 법칙이 되면서 이 토대 위에서 교리 Lehrmeinungen와 증명Beweissätzen, 심지어는 학문 체계까지도

급속히 증가하게 되었어. 이러한 것들을 통해 인류는 이러한 상태의 지혜로움과 현명함을 분명하게 알게 되었으나, 영국의 바다 취득과 그것의 시대적 구속성Zeitgebundenheit이라는 근원사실을 염두에 두지는 못했단다. 국민 경제학자, 법학자, 철학자 같은 뛰어난 학자들이 그런 체계들을 정교화시켰고, 우리의 선조들Urgrossväter은 그 모든 것을 명백한 진리로 받아들였어. 그것들은 아주 잘 작동했고 우리 선조들은 그와는 다른 경제학과 국제법은 더 이상 상상할 수 없게 되었지. 바로 여기에서 위대한 리바이어던이 인간의 정신과 감정에 어떻게 그 힘을 발휘하는지 볼 수 있는 거야. 리바이어던의 지배의 모든 징후 중에서도 가장 놀라운 점이 바로 이것이지.

# 17

영국은 섬이야. 하지만 "영국이 섬"이라고 하는 말에서 부여된 의미의 "섬"이라는 단어로 불리워질 가치가 있으려면 영국은 먼저 땅에서 대양에로의 원소적 전환의 담지자이자 중심이 되어야만 했고 당시 분출된 모든 해상 에너지의 상속자Erbin가 되어야만 했어. 지금까지 알려지지 않았던 새로운 의미로의 "섬"으로 전환되었을 때에만 영국은 대양 취

득에 성공할 수 있고 전 지구적 공간혁명의 1차전에서 승리할 수 있는 거야.

당연히 영국은 섬이지. 하지만 이런 지리적 사실의 확인만으로는 아직 말해지지 않은 것들이 많아. 세상에는 영국과는 매우 다른 정치적 운명을 가진 많은 섬들이 있지. 시칠리아도 섬이고, 아일랜드, 쿠바, 마다가스카르와 일본도 섬이야. 섬에 붙여진 이 몇 안 되는 이름들이 얼마나 많은 모순적인 세계사적 발전과 결합되어 있는지! 어떤 의미에서는 모든 대륙들이, 심지어 가장 큰 대륙조차 섬일 뿐이야. 고대 그리스인들이 일찌감치 알고 있었듯이 인간들이 거주하는 땅 전체가 해양으로 둘러싸여 있기 때문이지. 수천 년 전에—아마도 우리의 시간 계산이 등장하기 1만8천 년 전쯤에—유럽 대륙에서 떨어져 나온 이래, 영국은 파란만장한 역사적 운명을 겪었음에도 지리적 관점에서는 계속 섬으로 남아 있었어. 켈트족이 거주하고, 그 이후 율리우스 카이사르가 이끄는 로마에 점령당했을 때도, 노르만 정복(1066) 시절에도, 나중에 영국이 프랑스 땅 대부분을 점령하고 있던 오를레앙의 처녀시절(1431)에도 영국은 섬이었어.

더욱이 이 섬의 거주민들은 잘 방어된 보루 안에 살고 있다고 느껴왔지. 영국을 바다와 참호로 둘러싸인 요새로 칭송하는 아름다운 시와 운문들이 중세부터 전해 내려오고 있는 걸 보면 말이야. 섬나라 사람으로서의 이런 감정을 가장 아름답게 표현하고 있는 대목*은 셰익스피어 작품에 등장하지.

이 두 번째 에덴동산, 왕위를 받은 섬나라Eiland, 절반의 파라다이스
자연 스스로 건설한 요새Bollwerk
은빛 대양에 붙들려 있는 작은 금괴Kleinod
대양이 금괴에 장벽의 역할을 수행하고,
집을 방어하는 참호의 역할을 수행하네.

영국인들이 이 운문을 즐겨 인용하고 특히 "은빛 대양에 붙들려 있는 작은 금괴"라는 시구는 관용적 표현이 되었다는 사실은 이해할만한 일이지.

하지만 영국의 섬나라 의식에 관한 이런 표현들은 이전 시대의 섬에 해당되는 말이야. 여기서는 섬이 아직도 물에 둘러싸여 있고 대륙에서 떨어져 나온 한 구획의 땅으로 파악되고 있으니까 말이야. 이런 섬나라 의식은 아직도 철저히 땅landhaft과 흙erdhaft, 그리고 육지적인territorial 성격을 지니고 있어. 섬나라 감정에 육지적인 땅 감정Erdgefühl이 역력하게 배어 있다는 말이야. 그렇기에 섬에 산다는 이유만

*『리처드 2세The Tragedy of King Richard the Second』에 나오는 구절이다.

으로, 심지어 오늘날까지 모든 영국인들을 태생적인 대양 주름잡이들로 여기는 건 잘못된 거야. 양을 치며 살던 민족이 16세기에 대양 자식들의 민족이 되었을 때 얼마나 커다란 변화가 있었는지 전에 이야기했었지? 그것은 섬 자체의 정치적, 역사적 본질이 근본적으로 전환하는 것이었어. 그 전환은 땅이 오로지 바다의 관점으로부터 고찰되는 데에서 드러나지. 섬이란 떨어져 나온 대륙의 일부가 아니라 배라고, 더 분명하게는 물고기라고 받아들여지는 것 말이야.

　　육지에 속하는 관찰자들이 이렇듯 바다로부터 출발하는, 순수하게 해상적인 땅에 대한 관점을 이해한다는 건 쉬운 일이 아니야. 우리가 일상적으로 쓰는 언어는 너무 당연하게도 모든 지칭을 땅에서부터 만들어냈거든. 이 이야기를 처음 시작할 때 그에 대해 말 한 거 기억나? 우리의 행성에 대해 우리가 만들어낸 이미지를 우리는 그냥 땅-지구 이미지Erdbild라고 부르면서, 대양의 이미지도 당연히 거기에 포함된다는 사실은 잊어버리고 있다는 거. 바다와 관련해서 우리는 해로(海路)Seestrassen라는 단어를 쓰고 있지? 사실은 육지처럼 길이 있는 것이 아니라 그저 이동경로Verkehrslinien만 있는 데도 말이야. 대양에 떠 있는 배를 우리는 바다에 뜬 한 구역의 땅이라고, 국제법에서 이 문제를 다룰 때 지칭하듯이 "유영(遊泳) 중인 국가 영토의 한 부분"이라고 여기지. 군함Kriegsschiff은 유영하고 있는 요새로, 영국 같은 섬은 바다와 참호로 둘러싸인 성곽으로 여기고 있어. 해상적 인간이 보기에 이 모든 것들은 부정확한 은유이자 육지인들Landratten의 환상이 투영된 것에 불과해. 물고기가 수영하는 개가 아닌 것처럼 배는 떠돌아다니는 땅의 일부가 아니야. 거꾸로 바다의 관점에서 엄밀하게 보자면 대륙은 그저 해안, 즉 "배후의 땅Hinterland"을 가진 해변에 불과해. 바다로부터, 대양적 실존에서 보자면, 땅 전체는 표류물Strandgut이면서 대양의 분출물Auswurf일 수도 있어. "스페인, 그것은 유럽 해안에 좌초한 거대한 고래"라는 에드먼드 버크의 놀라운 말*은 바다로부터 출발하는 관점의 대표적인 사례인 셈이지.

이러한 이유로 영국이 해양적 존재로 완전히 변모하고 나서는 다른 세계와의 모든 본질적 관계들, 특히 유럽 대륙의 국가들에 대한 관계도 함께 변화되어야 했어. 영국 정치의 모든 기준과 척도가 다른 유럽 나라들과는 비교할 수도, 서로 상응할 수도 없어졌기 때문이야. 대양의 주인이 된 영국은 그 대양 지배에 근거해 지구 전체를 포괄하고 모든 대륙들에 산개되어 있는 영국의 세계 제국을 건설했지. 영국

---

*Edmund Burke: 1729~1797. 영국 보수주의의 대표적 정치사상가이자 미학이론가. 이 말은 출처 불명이나, 허먼 멜빌이 『모비 딕』 앞부분의 발췌록에 인용하였다.

은 모든 것을 거점과 이동경로라는 측면에서 사고했어. 다른 민족들에게는 대지Boden와 고향이었던 것이 영국에게는 그저 배후의 땅으로만 보였기 때문이야. '대륙적kontinental'이라는 단어는 '시대에 뒤떨어진rückständig'이라는 부가적 의미를 얻게 되었고, 해당 국민들은 '퇴보하는 국민들backward people'이라고 생각했어. 그러면서 그 섬은, 다시 말해 순수한 해상적 실존 위에 세워진 세계 제국의 수도Metropole는 뿌리를 제거하고, 땅을 떨쳐버렸어entlandet. 모든 대륙에 걸쳐있는, 서로 연결되지 않은 채 산개된 세계 제국의 이동 가능한 중심점에 다름 아니었기에, 그 섬은 마치 배나 물고기처럼 지구의 다른 부분을 향해 헤엄쳐갈 수도 있어. 빅토리아 여왕 시절의 유력한 영국 정치가 벤저민 디즈레일리*는 인도를 염두에 두면서, 영국 제국은 유럽 권력이 아니라 아시아 권력이라고 말했단다. 1876년에 영국 여왕의 칭호에 인도 황제 칭호를 덧붙인 인물이 바로 그였어. 그의 말에는 영국의 세계 권력은 그 제국으로서의 성격을 인도에서 가지고 왔다는 생각이 표현되어 있지. 디즈레일리는 일찍이 1847년 소설 『탱크레아우스Tancred』**에서 영국 여왕이 인도로 이주해야 한다고 주장했었단다. "여왕은 강력한 함대

---

*Benjamin Disraeli: 1804~1881. 영국의 정치가이자 작가이다.
**제1차 십자군에서 활약한 노르만인(人) 용사의 이름에서 따온 제목이다.

를 모집해 왕궁과 지도층 전부를 이끌고 제국의 수도를 런던에서 델리로 천도해야 합니다. 거기에서 여왕을 맞이할 준비가 되어 있는 거대한 제국과 최고 수준의 군대, 상당한 수입원을 찾아낼 수 있을 것입니다"라고 말이야.

디즈레일리는 19세기의 아브라바넬*이었어. 세계사의 열쇠인 인종, 그리고 유대교, 기독교에 대한 그의 견해 중 일부는 비유대인들과 비기독교인들에 의해 열심히 전파되기도 했지. 그는 자기가 하고 있는 말이 무엇을 의미하는지 아는 사람이었어. 저 제안을 했을 때 그는 영국이라는 섬이 더 이상 유럽의 일부가 아니라고 느꼈던 거야. 이제 영국의 운명은 반드시 유럽과 결부되어 있지 않다는 거지. 섬은 다른 곳을 향해 떠날 수 있고 세계적 해상 제국의 수도로서 자리를 바꿀 수도 있다는 거지. 배는 돛을 올리고 다른 곳Erdteil에 닻을 내릴 수 있어. 리바이어던이라는 거대한 물고기는 다른 대양을 찾아 스스로 움직일 수 있다는 거야.

---

*Isaac ben Judah Abravanel: 1437~1508. 유대인 정치가, 신학자, 성서 해석자. 리스본에서 나고 포르투갈 왕에 의해 등용되었는데, 1483년 스페인으로 가서 재무관으로서 가톨릭 두 왕에게 봉사했다. 92년의 유대인 추방으로 인해서 나폴리 다음으로 베네치아로 이주해서 그 정부에 이용되었다. 그의 성서해석은 그리스도인이나 유대인의 학자들에게 널리 이용되었으며, 종교사상은 후에 시대의 메시아운동에 큰 영향을 미쳤다.

# 18

「얼음의 바다 혹은 희망의 잔해」, 카스파르 다비드 프리드리히, 1823~1824년, 캔버스에 유화, 함부르크 미술관.

20년 동안의 전쟁을 종결지은 워털루전투를 통해 나폴레옹에게 승리를 거두고 난 후, 논란의 여지 없이 완전한 영국의 대양 지배 시대가 시작되었지. 이 지배는 19세기 전체에 걸쳐 지속되는데 19세기 중반 크림전쟁 후, 이 전쟁을 종결하며 이루어진 1856년 파리회담에서 영국의 대양 지배는 최정점에 이르렀어. 자유 무역의 시대는 영국의 산업과 경제적 패권이 마음껏 펼쳐지던 시기이기도 했어. 자유로운 바다와 자유로운 세계 무역이 자유라는 표상 아래 한데 묶였고, 오직 영국만이 그 자유의 담지자이자 보호자가 될 수 있었지. 이 시기를 전후로 전 세계에서 영국에 대한 경탄은 물론 영국을 모범으로 따라 하기가 최고에 도달하지.

어떤 내적인 전환이 이 위대한 리바이어던의 원소적 본질을 건드렸던 거야. 물론 당시에는 아직 그런 일이 일어났는지조차 감지되지 않았어. 오히려 그 반대였지. 세계 경제의 놀라운 급상승이 시작된 직후, 빠르게 성장하는 부(富)에 눈이 먼 이 실증주의적positivistisches 시대는 이 부가 계속 증가하여 급기야 지상의 천년왕국을 낳게 될 것이라고 믿었단다. 그런데 리바이어던의 본질을 건드린 전환은 바로 산업혁명의 결과로 생겨난 것이었어. 산업혁명은 18세기 기계의 발명과 더불어 영국에서 시작됐어. 최초의 석탄 용광로 Kokshochofen(1735), 처음으로 만들어진 주강(鑄鋼)(1740), 증기기관(1768), 방적기(1770), 기계 베틀(1786), 이 모든 것들이 영국에서 가장 먼저 발명되었어. 이는 당시 영국이 산업 분야에서 다른 민족들을 얼마나 앞서고 있었는지 분명하게 보여주는 몇 가지 예일 뿐이야. 19세기에는 증기선(蒸氣船)과 증기기관차가 등장했어. 이 분야에서도 영국은 선두에 서 있었어. 위대한 대양 권력이 동시에 위대한 기계 권력이 된 거지. 이로써 이 권력이 세계를 지배하는 것이 최종 귀결인 듯 보였어.

레판토에서 벌어진 갈레해전(1571)부터 영국해협에서 벌어진 스페인 무적함대 아르마다 격침(1588)까지 단 몇 년 사이에 대양적 존재가 얼마나 큰 도약을 했는지 앞에서 본 적이 있지? 이 만큼 큰 진전이 1854~1856년 사이에 영국, 프랑스, 사르데냐Sardegna*가 러시아와 맞서 싸웠던 크림전쟁과, 산업화된 북부가 농업 지역인 남부를 격파한 1861년~1863년 미국의 남북전쟁 사이에 이루어졌단다. 크림전쟁은 여전히 돛을 단 군함들이 싸움을 벌인 반면, 남북전쟁에서는 철갑을 두른 증기선이 등장했어. 근대적인 산업 전쟁과 경제 전쟁의 시대가 시작된 거야. 모든 면에서 영국은 여전히 선두였고 거의 19세기 말에 이르기까지 막강한 선두의 자리를 유지했지. 이러한 진전은 동시에 땅과 바다의 원소적 관계에서도 새로운 단계를 의미한단다.

왜인지 아니? 거대한 물고기였던 리바이어던이 이제 기계로 변신했기 때문이야. 이것은 실로 특별한 종류의 본질전환Wesenswandlung이었어. 기계는 바다와 인간 사이의 관계

---

*이탈리아 반도 서쪽 해상에 있는 지중해 제2의 섬. 1720년 사보이 공국이 이 섬을 얻고 사르데냐 왕국이 되었는데 바로 통일 이탈리아 왕국의 전신이다.

를 변화시켰지. 대양 권력의 위대함을 불러내던 대담무쌍한 인간의 힘Menschenschlag이 이전까지의 의미를 잃어버렸지. 범선을 모는 선원의 용맹한 기량, 항해라는 고도의 기술, 바다의 특성에 맞는 종류의 사람을 엄격하게 선택하고 탄탄하게 훈련시키는 일, 이 모든 것들이 근대적인, 기계화된 대양 교통(交通)의 안정성 속에서 빛을 잃어버렸지. 이전까지의 바다는 인간을 형성하는 힘을 보존해 오고 있었어. 그런데 한 민족을 양치기에서 해적으로 변신시켰던 저 강력한 박동의 영향력이 점차 약화되면서 결국에는 완전히 사라져버리게 된 거야. 바다의 원소와 인간의 삶 사이에 기계 장치가 끼어들어 오게 되었지. 기계 산업에 기반한 바다의 지배는 분명 원소와의 직접적이고 힘겨운 투쟁을 통해 매일 취득해야 했던 대양 권력과는 무척이나 달라. 인간의 근력에 의해 움직이던 범선과 증기 추진 장치로 움직이는 배는 바다의 원소에 대한 전혀 다른 관계를 의미해. 산업혁명은 바다의 원소에서 태어난 대양의 자식들을 이렇게 기계 제작자와 기계 조작자로 변신시켰어.

　모든 사람들이 변화를 느꼈지. 누군가는 오랜 영웅시대의 종말을 한탄하면서 해적에 대한 낭만주의적 이야기로 도 피했지. 다른 이들은 기술의 진보에 환호하면서 인간이 만든 낙원으로서의 유토피아에 빠져들었지. 우리는 여기서 냉정하게 다음의 사실만을 확인하도록 하자. 영국 세계 권력의 비밀이었던 진정한 해상적 실존이 그 핵심에 있어 타격을 받았다getroffen war는 것 말이야. 19세기의 사람들은 이를 알아차리지 못했어. 물고기이건 기계이건 어쨌든 리바이어던은 모든 면에서 점점 세고 강력해지고 있었으며 그의 왕국은 영원한 것처럼 보였기 때문이야.

# 19

19세기 말과 20세기 초 미국의 해군제독 앨프리드 세이어 머핸*은 특이하게도 기계의 시대에도 영국 대양 권력의 근원상황을 계속 유지하려는 시도를 한 바 있어. 머핸은 『해양력이 역사에 미치는 영향Influence of Sea Power upon History』이라는 중요한 역사서의 저자야. 이 책은 독일어로도 번역되어, 독일 해군, 특히 독일 해군의 창시자인 알프레트 폰 티르피츠 대제독**의 극찬을 받기도 했지.

1894년 7월 머핸은 영국과 미합중국의 재통일 가능성

*Alfred Thayer Mahan: 1840~1914. 미국 해군제독이자 전략지정학자, 전쟁사학자로, "19세기 미군의 전략에서 가장 중요한 인물"로 꼽힌다. 강력한 해군을 보유한 국가가 세계적으로 더 강력한 영향력을 점유할 수 있다는 머핸의 생각은 '해양력'이라는 개념으로 드러나며, 이것을 집대성한 것이 1890년에 쓴 『해양력이 역사에 미치는 영향』이다. 머핸의 해양력 개념은 전 세계 해군의 전략에 엄청난 영향을 미쳤는데, 특히 미국, 독일, 일본, 영국 등이 그 영향을 많이 받았다. 그 때문에 1890년대 유럽의 해군력 증강 경쟁이 일어났으며, 이것은 제1차 세계대전의 원인 중 하나가 된다.
**Alfred von Tirpitz: 1811~1905. 해군제독으로 재임하며 독일제국 해군의 전성기를 이끌었다. 1871년 독일제국이 성립하기 이전, 프로이센을 포함한 독일 열국들은 제대로 된 해군을 보유하고 있지 못했다. 보잘것없는 해군을 맡게 된 티르피츠는 1890년대 이래 독일제국 해군을 영국 왕립해군을 위협할 수 있는 세계적 수준의 전력으로 키워냈다.

에 관한 기사를 써. 특이하게도 그는 영국과 미국이 재통일되어야 할 가장 근본적인 이유를 동일한 인종이나 같은 언어나 문화에서 찾지 않았지. 다른 저자들에 의해 자주 거론되던 이 요소들을 그가 아주 무시했다는 건 아니야. 하지만 그에게 같은 인종이라든가, 언어, 문화는 단지 있으면 좋을 장신구에 불과했어. 그보다 더 중요한 것은 세계 바다에 대한 앵글로색슨의 지배가 유지되어야 한다는 것이었어. 그를 위해서는 영국과 미국이라는 두 앵글로아메리카 권력이 "섬적인insularer" 토대 위에서 연맹해야 한다는 것이었지. 영국은 근대적 발전의 결과로 너무 작아져 버려 축소되고 말았기에 더 이상 이전까지의 의미의 섬이 아닌 데 반

해 아메리카 합중국은 시대에 걸맞은 진정한 섬이라는 거지. 머핸은 지금까지 이것이 의식되지 못했던 이유는 합중국의 외연Ausdehnung 때문이었다고 말해. 그런데 당대의 척도와 크기 비율에는 그게 적합하다는 거야. 미합중국의 섬으로서의 성격이 대양에 대한 지배가 더 넓은 토대 위에서 유지되고 지속되도록 영향을 발휘한다는 거지. 아메리카는 보다 더 큰 섬이고, 그 섬으로부터 영국의 대양 취득이 불멸의 이름을 남길 것이며, 더 광대한 스타일의 세계에 대한 앵글로-아메리카의 대양 지배로 이어져야 한다는 주장이었어.

디즈레일리 같은 정치인이 영국의 세계 제국을 아시아로 이전해야 한다고 주장한 반면, 미국의 해군제독은 영국을 미국으로 이식하는 것을 생각했던 거야. 19세기 앵글로-아메리카 해양인에게 이런 생각은 자연스러운 것이었어. 이 해군제독은 산업 발전의 피할 수 없는 결과였던 척도와 규범의 급격한 변화를 목격하면서 시대의 변화를 느꼈지. 하지만 그는 이런 산업적 변혁이 그 본질적 지점, 곧 바다에 대한 인간의 원소적 관계에도 작용했다는 것은 보지 못했어. 그렇기에 여전히 이전의 틀 속에서 생각했던 거야. 그래서 머핸은, 완전히 새로운 상황 속에서도 과거로부터 물려받은 낡은 전통을 보존하는 더 큰 섬을 꿈꾸게 되었던 거야. 낡고 작아져 버린 섬, 그리고 그 위에 세워진 대양과 세계 권력의 복합체 전체가 [아메리카합중국이라는] 새로운 섬에 첨부되어 마치 거대한 구조 선박 같은 그 섬에 의해 보호받아야 한다고 생각했던 거야.

머핸이라는 인물 자체의 중요성뿐 아니라 더 거대한 섬이라는 그의 구상 역시 인상적이기는 하지만, 그 구상은 새로운 공간질서의 원소적 본질에 이르지 못하고 있어. 그것은 노련한 대양항해자Seefahrer의 정신에서 나온 것이 아니야. 그 구상은 과감한 대양 항해와 칼비니즘적 예정조화론 사이의 세계사적 연맹이 16, 17세기에 이룩했던 원소적 분출Aufbruch의 에너지와는 무관한, 지정학적 안정에 대한 보수적 요구에서 나온 거야.

# 20

산업의 발전과 새로운 기술은 19세기의 상태로 고착되지 않았어. 그것들은 증기선이나 증기기관차 수준에 머무르지 않았지. 세계는 기계를 신봉하는 예언자들이 상상할 수 있는 것보다 훨씬 더 빨리 변화하여 전자 및 전기 역학의 시대에 들어섰어. 전기, 항공과 무선전신이 모든 공간표상을 전복시키더니, 급기야 새로운 2차 공간혁명까지는 아니더라도 전 지구적인 1차 공간혁명의 새로운 단계에 진입하게 된 것이 명백해졌어.

유럽 대륙 중 한 나라였던 독일이 1890년에서 1914년까지 단 몇 년 사이에 앞서가던 영국을 따라잡았고, 1868년에 크루프Krupp*가 대포 제작 분야에서 영국인들에 버금간다는 걸 보여주고 난 후에는 기계, 조선, 기관차 제작 같은 특정 분야에서 급기야 영국을 앞서게 되었지. 1914년 세계대전은 이런 새로운 시대적 징후 아래서 일어난 사건이었어. 전쟁에 참여한 국민과 정부들은 그 시기가 공간혁명의

---

*철강·무기 제조업 재벌. 1·2차 세계대전에서 무기의 생산과 개발에 중요한 역할을 했다.

전조라는 것을 의식하지 못한 채, 이 전쟁이 그들에게 익숙한 19세기의 전쟁들이라도 되는 양, 비틀거리며 전쟁에 말려들어 갔지. 당시 고도로 산업화된 독일에서는 아직 영국적체제의 이상이 지배하고 있었고, 영국적 개념들이 고전적 개념으로 여겨지고 있었어. 다른 한편, 광대한 농업국가 차르 러시아는 내연기관을 제조할 수 있는 단 하나의 현대적인 공장도 가지지 못한 채 1914년 최초의 세계 전쟁의 물자전 Materialkrieg*에 진입했어. 실로 증기선이 현대적인 전함으로 발전한 것은, 노로 이동하는 갤리선에서 범선으로의 발전보다 결코 덜한 것이 아니었어. 인간이 바다의 원소에 대해 갖는 관계가 다시금 가장 깊은 곳에서 변화되었기 때문이지.

여기에 비행기가 등장하자 땅과 바다에 이어 세 번째 새로운 차원이 점령되었지. 이제 인간은 땅과 바다 표면 위로 높이 오를 수 있었고 그 과정에서 완전히 새로운 무기뿐 아니라 새로운 교통수단도 얻을 수 있었어. 척도와 규범들은 또 한차례 변화했고, 자연과 다른 인간들을 지배할 수 있는 가능성은 예측하기 힘든 영역으로까지 증가했지. "공군 무기Luftwaffe"가 "공간 무기Raumwaffe"라고 지칭되는 걸 알고 있지? 공군 무기로부터 생겨나는 공간혁명적 영향력이 그만큼 강하고, 직접적이며 명백하기 때문이야.

*무기나 군수물자의 공급 능력에 의해서 승패가 결정되는 전쟁의 양상.

비행기들이 바다와 대륙 위의 영공(領空)Luftraum을 횡단할 뿐 아니라, 모든 나라의 송신소에서 나오는 무선전파들이 눈을 깜빡이는 속도로 대기공간을 통과해 지구 전체를 맴돌고 있다는 것을 생각해보면, 인간은 이제 새로운 제3의 차원을 획득했을 뿐만 아니라, 급기야 세 번째 원소, 즉 인간실존의 새로운 원소영역인 공기Luft를 정복했다고 결론 짓고 싶을 거야. 리바이어던과 베헤모스라는 두 신화적 동물에 이어 이제 세 번째 거대한 새가 등장했다고 말할 수 있을지도 몰라. 하지만 이런 파급력이 큰 주장들에 섣부르게 매달리지는 말자꾸나. 인간의 권력이 어떤 기술적-기계적 수단과 에너지를 통해 영공에 행사하고 있는지를 생각해보고, 비행기들을 움직이는 내연기관을 떠올려본다면, [공기보다는] 불이 인간 행위의 새로운 원소로 등장하는 것이라고도 말할 수 있을지도 모르니까 말이야.

흙과 물에 이어 추가되는 두 가지 원소에 대한 문제를 여기서 결론 내리려 해서는 안 돼. 이 문제에 대해서는 진지한 고려들이 비현실적 사변들과 너무 혼란스럽게 뒤엉켜 있어서 아직은 어떤 여지가 남아있는지 예측하기 힘든 상태이니 말이야. 고대의 가르침에 따르면 인류의 역사 전체는 네 가지 원소를 통과하는 여행에 다름 아니야. 어찌 되었든 침착하게 다시 우리 주제로 되돌아가서, 확실하고 객

관적인 두 가지만을 확인하는 게 좋겠어.

첫째는 공간혁명에 있어서 새로운 단계인 공간 개념의 전환과 관련된 거야. 이 전환은 앞에서 보았던 16세기와 17세기에 일어났던 것보다 절대로 덜 심대하다고 말할 수 없어. 그때 인류는 세계가 빈 공간 속에 있다고 믿었어. 오늘날 우리는 이전과는 달리 공간을 모든 생각할 수 있는 어떤 내용도 들어있지 않은 심층차원Tiefendimension으로 이해하지 않아. 우리에게 공간은 인간의 에너지, 활동과 창조성의 역장(力場)이 되었지. 이로 인해 이전의 어떤 시대에도 불가능했을 생각이 오늘날에서야 비로소 가능해지고 있어. 현 시대의 한 독일 철학자가 이야기했듯이, "세계가 공간 속에 있는 것이 아니라 공간이 세계 속에 있다"는 생각 말이야.

두 번째로 확인할 것은 땅과 바다의 원소적 관계에 관한 거야. 오늘날의 바다는 더 이상 고래사냥꾼과 사략선 시대 때와 동일한 원소가 아니야. 교통과 통신수단 기술이 바다를 오늘날 우리가 이해하는 의미의 공간으로 만들었기 때문이지. 오늘날에는 평화가 유지되는 시기라면, 레이더만으로 자신의 배가 지금 대양의 어디쯤 위치하는지를 매일, 매시간 확인할 수 있어. 범선 시대와 비교해보면, 인간에게 있어 바다의 세계가 원소적인 차원에서 변화한 거지. 그런데 사정이 이러하다면, 지금까지의 대양 지배와 세계 지배의 연결의 근거가 되었던 바다와 땅의 구분도 무의미해지게 되는 거야. 영국의 바다 취득의 토대가 사라지고, 그와 더불어 지금까지의 대지의 노모스 역시 사라지는 거지. 그 대신 우리 행성의 새로운 노모스가 멈추지 않고 저항할 수 없을 정도로 자라나고 있어. 이전의 원소들과 새로운 원소들에 대한 인간의 새로운 관계들이 새로운 노모스를 불러내고, 인간 실존의 변화된 척도와 관계들이 노모스를 강제해내고 있는 거야. 꽤 많은 이들은 여기서 죽음과 파괴만을 보려 할 거야. 어떤 사람들은 세계의 종말을 체험하게 될 거라고 믿겠지. 하지만 실제로 우리가 체험하고 있는 것은 지금까지 땅과 바다의 관계의 종말일 뿐이야. 새로운 것에 대한 인간의 불안은 종종 비어있음Leeren 앞에서의 불안만큼이나 커. 그 새로운 것이 실상 그 비어있음의 극복인 데도 말이야. 새로운 의미가 자신의 질서를 얻기 위해 씨름하는 곳에서 많은 사람들이 의미 없는 무질서만을 보는 이유도 그 때문이지. 당연하게도, 낡은 노모스는 떨어져 나가고 그와 더불어 모든 전승된 척도, 규범과 관계들의 체계 전체도 사라질 거야. 하지만 그렇다고 해서 그 이후에 도래하는 것이 무절제Maßlosigkeit이거나 노모스에 적대적인 무(無)이기만 한 것은 아니야. 낡은 힘과 새로운 힘들이 가장 격렬한 씨름을 벌이는 곳으로부터 정당한gerechte 척도가 생겨나고 의미심장한 새로운 비율Proportionen이 형성되기 마련이니까.

여기도 신들이 존재하며 주재하고 있다.

위대하여라. 신들의 척도는.

## 후기

"가족의 삶의 원리에 땅, 곧, 견고한 토대Grund와 경작지Boden
가 그 조건이라면, 산업에는 그를 외부를 향해 부흥하게 하는
원소인 바다가 그 조건이다."

_헤겔, 『법철학 요강』, 247절

눈 밝은 독자라면 나의 상술 속에서, 243~246절이 맑스주
의에 와서 전개되었던 것과 유사한 방식으로 위 247절을 전
개시키려던 시도의 단초를 발견할 것이다.

1981년 4월 10일

칼 슈미트

\*이 책의 초판은 1942년 라이프치히에서, 2판은 1954년 슈투트가르트
에서 출간되었다.

# 『땅과 바다』에 대한 몇 가지 추언

이 책은『정치적인 것의 개념』,『정치신학』등으로 유명한 법철학자 칼 슈미트(1888~1985)의 책이다. 이 책을 관통하고 있는 테제—"세계사는 땅의 힘에 대한 대양의 힘의 투쟁, 대양의 힘에 대한 땅의 힘의 투쟁이다"—는 1941년 2월 강연에서 처음 도입되었고, 1941년 3월 9일 잡지『제국 *Das Reich*』에 실린 "땅에 대항하는 바다"를 통해 윤곽이 잡혀졌다.* 여기에 더 많은 역사 재료들이 보충된 후 1942년에 이 책이 출간된 것이다. '아니마'(라틴어로 Anima는 '영혼'을 의미한다)라는 이름을 가진 딸에게 이야기해주는 형식으로 쓰여진 이 책은, 마치 옛날이야기를 듣듯이 어렵지 않게 읽을 수 있다. 그렇기에 불필요한 '해제'를 늘어놓기보다는 이 책의 안과 바깥에 붙이는 몇 가지 추언으로 옮긴 이의 말을 대신하고자 한다.

---

*이 외에도 이 책의 글 중 일부는 독립적인 주제로 잡지나 신문에 발표되기도 하였다.(예를 들어, 「공간혁명. 서양의 정신에 대하여」(『*Deutsche Kolonialzeitung*』, 54호, 1942년 12월), 「베헤모스, 리바이어던과 그라이프 Greif, 지배규범의 변천에 대하여」(『*Deutsche Kolonialzeitung*』, 55호, 1943년 2월), Volke Neumann, 『Carl Schmitt als Jurist』, 2015, 473. Mohr Siebeck.)

이 책에서 슈미트는 오늘날 좀처럼 찾아보기 힘든 '대서사적' 사유의 전범을 보여준다. 이 책은 16세기부터 20세기 초에 이르는 세계사적 사건들을 개관하면서 인류 역사를 '땅'과 '바다'라는 두 요소를 중심으로 바라본다. 스페인, 네덜란드, 영국 등 세계 해상권을 지배하던 유럽 나라들 사이의 각축과 그와 관련된 사건들이 "세계사는 바다의 힘과 땅의 힘, 땅의 힘에 대한 바다의 힘 사이의 투쟁의 역사"라는 테제로 수렴되고 그를 입증하기 위한 구체적인 설명항으로 등장한다. 개별 사건들의 디테일이 아니라, 그 사건을 다른 사건과 결부시키고 관계 맺는 거시적 시선으로 땅과 바다의 자연적, 문화적 원리들이 세계 역사를 어떻게 규정해왔는가가 설명된다.

　인간의 역사를 땅과 바다라는 '원소'의 원리들에 의거해 이야기한다고 해서, 땅과 바다라는 물질적 자연환경에 따른 인간의 역사적 실존을 설명하는 것으로 오해해서는 안된다. 저자가 지적하듯, 인간은 육지에 사는 동물이나 바다의 물고기와는 달리 "전적으로 그가 사는 환경에 의해 남김없이 규정되는 생명체"가 아니기 때문이다. 자신의 "존재와 의식을 역사적으로 점령할 수 있는 힘"을 지닌 인간은 "선택할 수 있고, 일정한 역사적 순간에는 심지어 …… 스스로의 행위와 능력을 통해 자신의 새로운 역사적 실존의 전체

형태Gesamtform로서 원소를 향해 결단하고 자신을 그 원소로 조직"하는데, 이러한 점에서 인간의 역사는 "인간의 행위와 결단으로서의 역사"이다.

한편으로는 '땅'과 '바다', 곧 '흙'과 '물'이라는 요소와의 내적 관계를 지니고 있으면서도, 다른 한편으로는 '결단Entscheidung'의 능력을 지닌 '자유로운' 존재인 인간의 역사를 이야기하기 위해 슈미트가 채택한 서사 형식은 우리에게 익숙한 역사서술 방식과는 다르다. 역사가 사건들을 엄밀한 인과관계의 연쇄 속에서 '설명Erklärung'하는 것이라면, 여기서 슈미트는 "그 사건들이 해명 불가능한 거대한 세상사의 흐름에 편입되어 있는 방식"*을 이야기하고 있기 때문이다.

---

*"역사가는 그가 다루는 사건들을 이런저런 방식으로 설명하지 않으면 안 된다. 역사가는 어떤 경우에라도 그 사건들을 세상사의 전범들로 보여주는 것으로 만족할 수 없다. 그러나 바로 그런 일을 연대기 기록자가 한다. …… 중세의 연대기 기록자들은 그들의 역사 이야기를, 해명할 수 없는 신의 구원 계획의 바탕 위에 둠으로써 처음부터 입증 가능한 설명을 해야 한다는 부담을 떨쳐냈다. 바로 그러한 설명의 자리에, 특정한 사건들의 엄밀한 연쇄를 다루는 것이 아니라 그 사건들이 해명 불가능한 거대한 세상사의 흐름에 편입되어 있는 방식을 다루는 해석이 들어선다." 발터 벤야민, 최성만 옮김, 「이야기꾼: 니콜라이 레스코프의 작품에 대한 고찰」, 『벤야민 선집』, 9, 437. 길, 2012.

## 리바이어던의 향연

세계사적 사건들을 바라보는 슈미트의 연대기적 시선의 중심에는 땅과 바다의 근본 대립을 상징하는 한 이미지가 자리 잡고 있다. 베헤모스와 리바이어던의 투쟁이 그것이다. 리바이어던과 베헤모스는 『욥기』에 등장하는 신화적 동물의 이름이다. 구약에 등장하는 이 존재들에 대해 기독교 신학과 유대교-카발라적 전통은 서로 다른 해석을 해왔다. 기독교 신학에서 리바이어던은 악마와 동일시되었다. 거대한 물고기 모양을 한 그 악마는 결국 하느님에 의해 퇴치당한다.("그날, 야훼께서는 날 서고 모진 큰 칼을 빼어 들어 도망가는 리바이어던, 꿈틀거리는 리바이어던을 쫓아가 그 바다 괴물을 찔러 죽이시리라."『이사야서』, 27, 1)

이와는 달리, 유대-카발라적 전통은 리바이어던과 베헤모스를 바빌론, 아시리아, 이집트 등 유대교에 적대적이고 유대인들을 억압한 이교적 세계 권력의 상징이라고 해석한다. 유대 정치인이자 카발리스트인 아이작 아브라바넬은 세계 역사를 리바이어던과 베헤모스, 곧 이교도들 사이의 투쟁의 과정으로 설명하였다. 격렬한 싸움을 벌이던 리바이어던과 베헤모스는 결국 서로를 죽이게 되는데, 유대인들은 이 '살육과 학살의 제의' 후에 메시아의 도래와 최후의 심판이 이루어질 것이라고 믿었다. 죽임을 당한 리바이어던은 이 심판의 날, 신에 의해 선택되고 용서받은, 정화받은 사람들에게 음식으로 제공된다. 슈미트가 인용하는 "리바이어던의 향연"은 죽은 리바이어던을 함께 나누어 먹으며 벌이는 향연을 말한다.

하인리히 하이네Heinrich Heine(1797~1856)는 시집 『Romanzero』(1851)에 실린 시 '신학논쟁Disputation'에서 유대인들 사이에서 전해오던 '리바이어던의 향연'의 모습을 구체적으로 묘사한 바 있다. 유대교 랍비 유다Juda와 가톨릭 신부 요세Jose 사이에 벌어지는 격렬한 신학논쟁의 와중 유다는 다음과 같이 말한다.

이 물고기는 리바이어던이라 부르네
바다의 심연에 서식하지
우리 신은 매일 한 시간씩
그 리바이어던과 놀곤 하시지
......

리바이어던은 길이가 100마일에 달하고,
바산의 왕 옥만큼 크며
꼬리는 히말라야 삼나무 같다네.

하지만 그 고기 맛은 진미(眞味),
거북보다 더 진미라네.
부활의 날에 우리 주(主)는
식탁으로 초대하지.

선택받은 경건한 자들
정의로운 자와 지혜로운 자들
우리 주가 즐겨 먹는 물고기를
함께 섭취하지.

누군가는 흰 마늘 수프와 함께
누군가는 갈색으로 포도주에 담가
향료와 건포도를 곁들여.*

*Leviathan heißt der Fisch,
Welcher haust im Meeresgrunde;
Mit ihm spielet Gott der Herr
Alle Tage eine Stunde –

Des Leviathans Länge ist
Hundert Meilen, hat Floßfedern
Großwie König Ok von Basan,
Und sein Schwanz ist wie ein Zedern.

슈미트가 인간의 역사와 종말에 대한 유대-카발라적 해석을 받아들이지는 않지만, 베헤모스를 땅의 힘의 상징으로, 리바이어던(혹은 고래)을 바다의 힘의 상징으로 두고, 인간의 역사를 베헤모스와 리바이어던의 대립으로 해석하고 있다는 것은 확실하다. 하지만 이 대립이 어떻게 귀결될 것인지, 역사를 추동해왔던 땅의 힘과 대양의 힘의 투쟁이 이 책에서 다루지 못한 이후의 역사 속에서 어떤 방식으로 펼쳐질지에 대해 슈미트는 말을 아낀다.

Doch sein Fleisch ist delikat,
Delikater als Schildkröten,
Und am Tag der Auferstehung
Wird der Herr zu Tische beten

Alle frommen Auserwählten,
Die Gerechten und die Weisen –
Unsres Herrgotts Lieblingsfisch
Werden sie alsdann verspeisen,

Teils mit weißer Knoblauchbrühe,
Teils auch braun in Wein gesotten,
Mit Gewürzen und Rosinen"

_Heinrich Heine, 'Disputation'(부분).

## 난민의 시대

우리는 21세기 오늘날의 정치, 역사적 상황을 '땅의 힘과 대양의 힘의 투쟁'이라는 슈미트의 관점에서 재해석해볼 수 있다. 해적, 고래사냥꾼, 바이킹, 사략선원 등의 '대양 주름잡이들'이 활약하던 대양에는 야음을 틈타 유럽에 밀입국하려는 난민들의 배가 넘쳐난다. 유엔난민기구UNHCR와 유럽 연합은 2015년 한 해에만 지중해를 건너 유럽에 들어온 난민이 35만 명을 넘어선 것으로 집계한다. 시리아, 아프가니스탄, 이라크, 소말리아 등 분쟁지역 국가 난민들은 승선 인원을 훨씬 초과한 작은 배에 몸을 싣고 위태롭게 대양을 건넌다. 어린아이들을 포함한 많은 이들이 표류 도중 탈진과 피로로 쓰러지고, 육지에 닿기 전에 난파되어 한꺼번에 목숨을 잃는다. 유엔난민기구는 2015년 1~9월 유럽으로 향한 난민 16만5000여 명 가운데 3000명 이상이 이 과정에서 숨졌다고 발표했다. 얼마 전 터키 해변에 떠밀려 온 세 살배기 에이란 쿠르디의 시신은 전 세계가 이러한 비극적 상황을 인식하게 했다.

　슈미트가 말한 "대양의 힘에 대한 땅의 힘의 투쟁"은 이 시대에는 어떻게 펼쳐지고 있는 것일까? 자신들이 태어나고 살아온 땅을 떠나야 하는 이 난민들에게, 대양은 낯선 땅에 도달하기 위해 목숨을 걸고 극복해야 하는 위험과 죽음의 공간일 것이다. 난민들의 밀입국을 방지하기 위해 해안 경비를 강화하는 유럽 국가들에게 대양은 '낯설고, 이질적'인 존재들이 밀려들어 오는 골치 아픈 구멍처럼 여겨질지도 모른다. 이미 밀입국한 난민들로 인해 유럽 국가 내부에서는 자국민과 이방인의 법적, 문화적 차등을 요구하는 목소리가 높아지면서, "외부를 향해 부흥하게 하는 요소"인 바다의 힘보다 구획하고 경계를 나누는 땅의 힘이 더 크게 득세하고 있는 듯하다. 이것이 세계 역사를 어디로 이끌고 갈지 우리는 알지 못한다. 땅의 취득을 둘러싼 거대한 전쟁이 재발할 수도, 땅도 대양도 아닌 제3의 원소가 새로이 열릴지도 모른다. "낡은 힘과 새로운 힘들이 가장 격렬한 씨름을 벌이는 곳으로부터 정당한gerechte 척도가 생겨나고 의미심장한 새로운 비율Proportionen이 형성"될 것이라는 슈미트의 믿음이 유효하다면, 우리는 훗날의 역사가만이 포착해낼 "새로운 척도와 비율"의 도래를 기다리는 수밖에 없을 것이다.

2016년 3월 서울에서

김남시

*Land und Meer: Eine weltgeschichtliche Betrachtung* by Carl Schmitt Copyright
© 1942 and 2011 by Carl Schmitt. Originally published by Leipzig, Reclam,
1942; reprinted by Stuttgart, Klett-Cotta 2011. Korean translation rights © 2014
courrierbook Korean translation rights are arranged with Klett-Cotta, German
All rights reserved.

이 도서의 국립중앙도서관 출판예정도서목록(CIP)은 서지정보유통지원시스템
홈페이지(http://seoji.nl.go.kr)와 국가자료공동목록시스템(http://www.nl.go.kr/
kolisnet)에서 이용하실 수 있습니다.(CIP제어번호: CIP2016007092)

**땅과 바다** _ 칼 슈미트의 세계사적 고찰

**칼 슈미트**
**김남시 옮김**

2016년 4월 30일 초판1쇄 발행

펴낸이 강경미
펴낸곳 꾸리에북스
디자인 앨리스
출판등록 2008년 8월 1일 제313-2008-000125호
주소 04071 서울 마포구 합정동 성지길 36. 3층
전화 02-336-5032  팩스 02-336-5034
전자우편 courrierbook@naver.com
ISBN 978-89-94682-20-4 03100

파본이나 잘못된 책은 바꾸어 드립니다.